EXEMPLA · Lateinische Texte

Herausgegeben von Hans-Joachim Glücklich

Heft 1

Catull · Gedichte

Mit Erläuterungen, Arbeitsaufträgen
und Begleittexten

von Hans-Joachim Glücklich

Teil I: Texte mit Erläuterungen

2., durchgesehene Auflage

V&R

Vandenhoeck & Ruprecht in Göttingen

Inhalt

Einleitung 3

Catulli Carmina
Texte mit Wort- und Sacherläuterungen 16

Metrischer Anhang
Das Lesen und Analysieren von Texten 51

ISBN 3-525-71600-1 (Teile I/II zusammen)
ISBN 3-525-71602-8 (Teil I einzeln)
ISBN 3-525-71603-6 (Teil II einzeln)

2. Auflage 1986

© Vandenhoeck & Ruprecht in Göttingen 1980. Alle Rechte vorbehalten. Die Vervielfältigung und Übertragung auch einzelner Textabschnitte, Bilder oder Zeichnungen ist — mit Ausnahme der Vervielfältigung zum persönlichen und eigenen Gebrauch gem. §§ 53, 54 URG — ohne schriftliche Zustimmung des Verlages nicht zulässig. Das gilt sowohl für die Vervielfältigung durch Fotokopie oder irgendein anderes Verfahren als auch für die Übertragung auf Filme, Bänder, Platten, Arbeitstransparente oder andere Medien. — Printed in Germany. Druck: Hubert & Co., Göttingen.

EINLEITUNG

1. Liebe — ein unerschöpfliches Thema

‚Ich liebe Dich', ‚I love you, I love you, I need you', ‚je t'aime', ‚ti amo', ‚sono innamorato di te'. So klingt es in vielen Liedern aller Art vom Kunstlied und der Opernarie bis zum Schlager. Romane, Schauspiele, Novellen und Gedichte sind voll von diesen Worten oder umschreiben sie. Kaum ein Werk der Dichtung, des Films, des Musiktheaters, das nicht auch von der Liebe handelt. Und das ist Ausdruck einer menschlichen Urempfindung und Grunderfahrung. Jeder Mensch möchte so oft wie möglich ‚ich liebe dich' hören und sagen können. Ohne Liebe wird das Leben grau, mit Liebe bunt, erfüllt, wenn auch nicht immer ruhig und leidlos. Jeder Mensch, sofern er liebesfähig ist, muß seinen Weg finden, diese Urempfindung mit sich und seiner Umwelt, mit eigenen Absichten und fremden Ansprüchen zu vereinbaren oder sie dagegen zu behaupten. Die Liebe berührt die eigene Person, ein Gegenüber und viele, die davon betroffen werden oder sich darin einmischen.

2. Liebe — Gegenstand der Wissenschaften und der Moral

Entsprechend gibt es viele Wissenschaften und Institutionen, die — so vielfältig wie die Lebensbereiche des Menschen — ihre Erkenntnisse über die Liebe, ihre Anschauungen über sie oder ihre Forderungen an sie formulieren. Der folgende Überblick ist unvollständig und soll nur einige wichtige Beispiele geben.

2.1 Anthropologie

Anthropologie ist die Wissenschaft vom Menschen in seinen seelischen und körperlichen Verhaltensweisen, in seiner geschichtlichen Entwicklung und in seinen zeit- und ortsgebundenen Ausprägungen. Die Anthropologie setzt sich selbstverständlich mit der Liebe als einem menschlichen Grundtrieb auseinander und sucht ihn zu erklären. Sie tut dies, indem sie die Liebe auf andere Triebe zurückführt:
„Bei Wirbeltieren lassen sich zwei Hauptwurzeln der Geselligkeit nachweisen. Einmal wird das Kontaktstreben über den Fluchttrieb motiviert. Der Artgenosse ist Fluchtziel; man findet in seiner Nähe Geborgenheit, er hat Heimvalenz. Eine zweite Motivationswurzel ist der Brutpflegetrieb. Er bindet die Eltern ans Kind und eignet sich offenbar ausgezeichnet dazu, das Band zwischen Erwachsenen zu festigen" (Irenäus Eibl-Eibesfeldt). Es gibt auch andere Erklärungsversuche, zum Beispiel die Rückführung auf den Aggressionstrieb und auf den Geschlechtstrieb.

Der bereits zitierte Autor sagt dazu: „Brutpflege beinhaltet Brutverteidigung; und da die Gruppe als erweiterte Familie angesehen werden kann, ist die Brutverteidigung mit ihren starken Emotionen wohl aus der Brutverteidigung und Familienverteidigung abzuleiten"; Liebe sei also älter als die Aggression. „Eine starke Motivation zur Kontaktsuche resultiert aus dem Geschlechtstrieb. Dieser Trieb ist mindestens so alt wie die Aggression, vielleicht sogar älter, denn er bewegt bereits die Einzeller. Es liegt daher nahe zu fragen, ob nicht auch über den Geschlechtstrieb eine dauerhafte Bindung zum Artgenossen hergestellt werden kann. Interessanterweise ist dies seltener der Fall, als man erwarten würde. Eine solche Ausnahme ist der Mensch. Gesellige Tiere verwenden zwar Riten aus dem sexuellen Repertoire zur Beschwichtigung, aber eine Dauerbindung über den Sexualtrieb wird eigentlich nur beim Menschen und bei einigen Affen hergestellt, und sie ist sicher sekundär und zusätzlich zur Festigung des Bandes entwickelt worden." Schon hier wird man darauf aufmerksam, daß im Menschen die Fähigkeit zur Gestaltung, Überhöhung und Beschränkung seiner Triebe liegt.

2.2 Medizin und Biologie

Medizin und Biologie beobachten und erklären zunächst einmal die körperlichen Vorgänge in der Liebe von Lebewesen, insbesondere der Menschen, gehen den Ursachen von Störungen körperlicher Art nach — wozu Krankheiten gehören — und suchen sie zu beheben.

Die persönliche Einstellung zur Liebe kann nicht isoliert gesehen werden. Andere Menschen sind betroffen, unbewußt übernommene Einstellungen wirken mit, von anderen gesetzte Grenzen hemmen oder müssen berücksichtigt werden.

Der Mensch lebt in einem Bezugssystem, das von der Erfahrung, Gestaltung und Regelung der Beziehungen zum einzelnen Mitmenschen über die der Beziehungen zu Volk und Staat bis zu der der Beziehungen zum Außer- oder Übermenschlichen, zum Göttlichen, reicht. Zunächst greifen Institutionen ein, die hier Einfluß auf die Gestaltung der Liebe und der Liebesbeziehungen nehmen.

2.3 Gesetzgebung

Man darf mit seiner Liebe keinem Menschen in der Weise zu nahe treten, daß man sie ihm körperlich aufzwingt. Entsprechend befaßt sich das Strafrecht mit Verstößen gegen diese Regel. Die Verbindung zweier heterosexuell eingestellter (zum jeweils anderen Geschlecht neigender) Partner ist Voraussetzung für die Schaffung von Nachwuchs, und auf ihn waren und sind Staaten aus vielerlei Gründen angewiesen. Deshalb steht die Familie unter besonderem staatlichen Schutz, aber auch für die Trennung von Partnern und für die Sorge um Kinder ohne Familien wird Vorsorge getroffen.

2.4 Religionen

Religionen entwickeln ihre Anschauungen in Übereinstimmung oder im Kontrast zu staatlichen Regelungen und entsprechend ihrer Auffassung von Gott und dem Lebensziel des Menschen. Wie der Staat entwickeln sie Vorschriften, Sakramente, Sanktionen, Strafbestimmungen gegen Verstöße.

2.5 Psychologie, Psychoanalyse, Psychotherapie

Die Wissenschaft vom seelischen Leben, seinem Aufbau und seinen Abläufen (Psychologie) befaßt sich mit der Liebe, weil ihre Wirkung auf die Seele besonders stark ist, weil der Mensch eigene Wünsche und die Einflüsse von Erziehung und Umwelt gerade bei der Liebesempfindung miteinander ausgleichen muß, weil es oft zu seelischen Krankheiten dabei kommen kann (Neurosen), die der Analyse und Heilung (Therapie) bedürfen, und weil sie versucht, den gestörten Menschen liebesfähig zu machen, zu einer gelassenen, selbstgesteuerten und verantwortlichen Lebenshaltung zu bringen. Auch die Medizin (2.2) trägt davon Nutzen, weil körperliche Krankheiten auch seelische Ursachen haben können.

2.6 Soziologie

Soziologie ist die Wissenschaft von der Entwicklung, den Formen und den Gesetzlichkeiten der Gesellschaft. Selbstverständlich berücksichtigt auch sie das menschliche Grundphänomen Liebe. Wie frei (liberal) oder einschränkend (repressiv) sich nämlich eine Gesellschaft oder ihre Führung gegenüber den Erscheinungsformen der Liebe und gegenüber dem Sprechen über Liebe verhält, läßt Rückschlüsse auf ihre Denk- und Lebensgewohnheiten und auf ihren gesamten Aufbau zu. So kann man etwa in mutterrechtlich bestimmten Völkern beobachten, daß den Äußerungen der Liebe und der Gefühle freier begegnet wird als in vaterrechtlich bestimmten. Mutterrechtlich bestimmte Gesellschaften (Matriarchate) weisen Kinder der Gruppe (Sippe, Familie) der Mutter zu und geben ihnen deren Rechte; lange gab es solche Gesellschaftsformen kaum mehr, weil sie die Vorherrschaft der Frau und die häufige Abwesenheit des Mannes (z. B. zur Kriegsführung und Jagd) voraussetzten. Vaterrechtlich bestimmte Gesellschaften (Patriarchate) machen die Abstammung vom Vater für die Zuweisung der Kinder in eine bestimmte Gesellschaftsschicht, in Besitz, Amt und Würden maßgeblich und setzen eine möglichst getreue Übernahme der Vatersitten durch die Söhne voraus. Sie sind durch die Seßhaftigkeit der Männer, also in einer Viehzüchter- und Bauernkultur, entstanden und haben sich bis heute gehalten. Erst in neuerer Zeit kann man wieder auch von mutterrechtlichen Elementen in der Gesellschaft sprechen, nachdem die Gleichberechtigung der Frau, die Gleichberechtigung aller Menschen und die Verantwortung für die Chancengerechtigkeit gegenüber Menschen jeglicher Herkunft sich in der Anschauung vieler Menschen durchgesetzt haben. Diktatorischen Staatsführungen wird häufig unterstellt, daß sie eine von Verboten geprägte Sexualmoral fördern, weil so Schuldgefühle in den Menschen entstehen und diese mit solchen Schuldgefühlen leichter führbar sind, da sie ihre Schuldgefühle durch besonders gute politische Führung und durch Aggressivität gegen andere politische Gruppen wettmachen wollen.

Das Verhalten des einzelnen Menschen zu seinem Sexualtrieb, die Regelung dieses Triebes aus eigenem Willen und unter fremder Beeinflussung und die Entwicklung gesellschaftlicher und kultureller Formen aus diesem Trieb werden in der Soziologie sogar als die erste und die anschaulichste Form allen menschlichen Sozialverhaltens angesehen.

2.7 Philosophie und Sozialpsychologie

Philosophie ist schwer zu definieren. In einem Lexikon wird sie erklärt als ‚das Streben des menschlichen Geistes, die letzten Zusammenhänge des Seins und die gültigen Werte und damit die Grundsätze der Lebenserfahrung und Daseinsgestaltung zu erkennen.' Der Bezug der Philosophie zu allen anderen genannten Wissenschaften wird darin deutlich, ebenso die Notwendigkeit, sowohl unveränderliche Grundtriebe des Menschen wie auch die jeweiligen Zeitumstände zu berücksichtigen. Manche heutige Autoren meiden die Bezeichnung Philosoph und bevorzugen andere Bezeichnungen, zum Beispiel die des Sozialpsychologen oder Sozialtherapeuten, der die Lage des Menschen und der menschlichen Gesellschaft analysiert und Vorschläge zur Heilung von Schäden macht.

Liebe spielt auch bei all diesen Autoren eine große Rolle. In der Antike hat der griechische Naturphilosoph Empedokles (490—430) sogar die gesamte Entstehung der Welt und ihre Veränderung so erklärt, daß er sie als Mischung und Entmischung der vier Elemente Feuer, Luft, Wasser und Erde unter dem Einfluß von Liebe und Haß ansah. Der große Philosoph der Liebe ist Platon (427—347); er sah in der Liebe die Liebe zum Schönen und das auslösende Moment für alle Erkenntnis: Man erkenne nämlich nach dem Schönen im leiblichen Bereich das Schöne im Geistig-Seelischen, dann, daß dieses Schöne nicht auf einen Einzigen beschränkt, sondern vielen gemeinsam sei; so komme man zur Erkenntnis der allem einzelnen Schönen zugrundeliegenden ‚Idee des Schönen'. Ähnlich unterscheidet heute zum Beispiel Erich Fromm physische (leibliche) und nicht-physische Formen der Liebe. Er fordert, in der Liebe zweier Menschen müsse man erkennen, ‚daß alle Männer ein Teil Adams und alle Frauen ein Teil Evas sind'. Die individuelle erotische Liebe sei also Teil der Nächstenliebe. Wenn es sich wirklich um Liebe handelt, hat die erotische Liebe eine Voraussetzung: Daß ich aus dem Wesen meines Seins liebe — und den anderen im Wesen seines Seins erlebe. In ihrem Wesen sind sich alle Menschen gleich. Wir alle sind Teile des

Einen; wir sind das Eine.' Es gibt also individuell auslösende Momente, aber die Liebe selbst ist Teil einer allgemeinen Liebe und daher ‚sollte die Liebe ein Akt des Willens sein, eine Entscheidung, mein Leben dem des anderen vollkommen hinzugeben'.

3. Formen und Stufen der Liebe

Im vorigen Abschnitt ist schon angeklungen, daß es viele Formen der Liebe gibt, die von dem Ziel oder der Zielperson abhängen, und mehrere Stufen, mehr körperliche und mehr seelisch-geistige. Dafür verwenden Autoren und Religionen vielerlei Bezeichnungen. Man muß achtgeben, sie auseinanderzuhalten. Und man muß den jeweils verwendeten Begriff in seinem Bezugssystem klären, weil ein und derselbe Begriff in verschiedenen Lehren oder Theorien auch Verschiedenes meinen kann (so insbesondere das Wort Eros, was eigentlich nur der Name des griechischen Gottes der Liebe ist).
Der bereits erwähnte Erich Fromm unterscheidet nach den ‚Objekten der Liebe' vor allem folgende Formen der Liebe: *Nächstenliebe, Mutterliebe, erotische Liebe, Selbstliebe und Gottesliebe.*
Innerhalb der ‚erotischen Liebe', die zwischen zwei Menschen besteht, könnte man zur genaueren Unterscheidung mit dem holländischen Theologen Herman van de Spijker folgende grundsätzliche Formen und Stufen nennen:
1. *Heterotropie*, d. i. die Hinordnung auf einen Partner des anderen Geschlechts. Dies ist die überwiegende Form der Liebe, und sie läßt sich in drei Stufen einteilen:
(a) *Heterosexualität:* Zuneigung zu einem Partner des anderen Geschlechts mit dem Schwerpunkt im Geschlechtlichen.
(b) *Heteroerotik:* Zuneigung zu einem Partner des anderen Geschlechts mit dem Schwerpunkt im Seelisch-Sinnhaften. Dabei erlebt und genießt man sein Gegenüber nicht nur im leiblichen Bereich, sondern mehr noch im seelisch-geistigen Bereich. Die Eigenschaften des anderen bezaubern, und man möchte mit ihm zusammen sein, weil man sonst einen Verlust auch im Innern spürt und als schmerzlich empfindet.
(c) *Heterophilie:* Zuneigung zu einem Partner des anderen Geschlechts mit dem Schwerpunkt im Geistig-Seelischen. Das ist schenkende Liebe, die den andern in seiner Einzigartigkeit anerkennt, ihn nicht auf einem besonders angenehmen Jetztzustand festhält, sondern auch in seiner weiteren Entwicklung akzeptiert und dadurch auch dem Liebenden zu einer geistigen und seelischen Entwicklung verhilft, die sein Leben sinnvoll macht.
2. *Homotropie:* d. i. die Hinordnung auf einen Partner des gleichen Geschlechts. Diese im Vergleich mit der Heterotropie viel seltenere Form der Liebe kann ebenfalls in die drei Stufen (a) *Homosexualität,* (b) *Homoerotik,* (c) *Homophilie* eingeteilt werden.

Zu dieser Einteilung ist zweierlei zu sagen:
(1) Die Teilung in Heterotropie und Homotropie ist insofern theoretisch, als es kaum Menschen gibt, die sich ausschließlich Personen eines Geschlechts zuwenden. Einzig in der Richtung der sexuellen Triebe wird der Mensch durch Vererbung oder durch Verfestigung in frühester Kindheit festgelegt; freilich gibt es auch dabei Ausnahmen, wie sie für eine Gesellschaft mit patriarchalischen und matriarchalischen Zügen (vgl. oben 2.6) charakteristisch sind; man spricht in diesem Fall von Bisexualität. Insbesondere kann ein heterosexuell ausgerichteter Mensch durchaus Freundschaften zu Personen des gleichen Geschlechts haben; diese spielen sich dann auf der Stufe des Eros oder der ‚Philia' ab. In die Philia könnte z. B. auch die Elternliebe eingeordnet werden.
(2) Die Einteilung in Stufen ist ebenfalls theoretisch. Man darf nicht meinen, daß diese Stufen voneinander immer trennbar seien. Und insbesondere darf man die leibliche Zuwendung nicht falsch sehen. Sie ist zwar als alleiniges Band zwischen zwei Menschen nicht dauerhaft. Aber sie gehört zum Menschen, weil er als leibliches Wesen existiert und mit seinem Leib und seinen Sinnen seiner Kommunikation mit anderen Menschen Ausdruck verleiht und sie intensiv macht. Leibliche Kommunikation ist grundlegender Bestandteil bei der engen Bindung zweier Menschen.

4. Liebe und Sexus in den Lehrplänen

Ein großer Bereich der Liebe ist der einer ganz persönlichen Beziehung zweier Menschen im geistigen, seelischen und körperlichen Bereich. Es ist daher nicht jedermanns Sache, darüber zu jedem zu sprechen. Dies geht Schülern genauso wie Eltern und Lehrern. Dennoch haben die demokratisch gewählten Parlamente der Bundesländer ‚sexualkundlichen Unterricht' und entsprechende Lehrpläne oder Richtlinien beschlossen. Sie wollen sicherstellen, daß auch von dieser Seite her das Erziehungsziel des mündigen, selbstverantwortlichen, toleranten und demokratisch gesinnten Bürgers angestrebt wird. Jeder junge Mensch soll mit wachsendem Alter nicht nur die biologischen Fakten des Sexus, sondern auch die weitreichende geistige, seelische und soziale Bedeutung der Liebe kennen und verstehen lernen. Er soll Möglichkeiten an die Hand bekommen, einerseits aufgeklärt und gewarnt, andererseits aber aufgeschlossen, tolerant und verständig-gelassen zu sein, sein Triebleben in den Rahmen anderer Lebensbereiche einzuordnen, es weder zu unterdrücken noch zu isolieren und über alles andere zu setzen. Er soll auch verschiedene der genannten Haltungen (2.3, 2.5, 3) an Beispielen kennenlernen und ihre Auswirkungen untersuchen. Deswegen sehen die Lehrpläne und Richtlinien die vorher genannten Themenbereiche für die Behandlung in verschiedenen Jahrgangsstufen vor. Als eine besondere Möglichkeit, die Themen zu behandeln, nennen sie die Behandlung literarischer Werke, in denen Formen und Stufen der Liebe eine Rolle spielen.

5. Sprechen und Schreiben über Liebe

Warum eignet sich die Behandlung literarischer Werke besonders gut für ein Unterrichtsgespräch über Liebe? Nicht jeder will über seine eigenen Erlebnisse und Vorstellungen reden. Nicht jeder wird alles zu seiner persönlichen Haltung machen wollen, was er als Bestandteil menschlicher Regungen und menschlicher Kultur aus den vorher genannten Gründen kennenlernen soll. Manches geht schließlich über den Erfahrungshorizont eines jungen Menschen hinaus. Die Behandlung literarischer Werke, deren Inhalt Aspekte von Liebe und Sexus umfaßt, begegnet diesen Schwierigkeiten. In diesen Werken sind Bereiche der Liebe und des Sexus in anschaulichen, sehr individuellen und oft sehr zugespitzten Ereignissen dargestellt. Weil sie schriftlich fixiert sind, können wir über sie verfügen und mit ihnen umgehen. Wir finden Dinge, die uns vertraut sind, und können von ihnen ausgehend auch unvertraute Dinge zu erkennen und zu verstehen versuchen. Wir nehmen Teil an den Vorstellungen und Erfahrungen eines anderen und können sie mit unseren Einstellungen und Erfahrungen konfrontieren. Entweder sind die fremden und die eigenen Vorstellungen und Erfahrungen unterschiedlich. Dann erkennen wir beide Richtungen durch den Kontrast besser; denn das menschliche Denken arbeitet mit Vergleichen und Gegenüberstellungen, wenn es etwas Neues erkennen will. Oder fremde und eigene Einstellungen und Erfahrungen sind sich ähnlich. Auch dann hilft uns dies, uns selbst und unser Verhalten besser zu erkennen; denn an Anderen und in schriftlicher Fixierung kann man vieles besser und leichter erkennen. Und weil dies besser handhabbar und erkennbar ist, kann man auch leichter darüber sprechen, ohne dabei öffentlich von sich selbst zu sprechen.
Damit wird auch etwas von den Beweggründen deutlich, warum überhaupt ein Autor dazu kommt, intime Liebesempfindungen und -erfahrungen schriftlich festzuhalten oder zu gestalten und damit einer unbegrenzten Öffentlichkeit zugänglich zu machen. Unbegrenzt ist die Öffentlichkeit, weil der Autor ja nicht nur sich selbst und eine tatsächliche oder nur vorgestellte geliebte Person anspricht, sondern vor allem die Leser seiner Zeit und viele Menschen späterer Zeiten. Sein Publikum kann er sich nicht aussuchen, höchstens indem er vom Stil her besondere Ansprüche stellt; und er will es oft gar nicht, sondern vielen Zeitgenossen und Späteren seine Sicht, seine Denkergebnisse, seine Erfahrungen zugänglich machen oder Denkanstöße geben. Gleichzeitig ist seine Weise, Erlebnisse zu verarbeiten und Denkergebnisse auszudrücken, die schriftliche Kommunikation mit anderen. Das ist die Lebensform des Schriftstellers oder Dichters. Indem ein Autor etwas schriftlich fixiert,

macht er es anderen zugänglich. Er kann dabei eigene Erfahrungen und Erkenntnisse darstellen oder Erfahrungen und Erkenntnisse anderer oder beides.
Ein Dichter gestaltet die Mitteilung der Erfahrungen und Erkenntnisse in der Regel inhaltlich und sprachlich so,
— daß Interesse geweckt wird,
— daß sich viele Leser angesprochen fühlen können,
— daß also nicht alles genauestens erklärt wird, sondern einiges der Auslegung des Lesers überlassen bleibt.
Er weiß, daß er mit der Sprache umgeht und daß sprachliche Äußerungen von jedem Leser etwas anders aufgenommen werden können,
— weil die Aufmerksamkeit der Leser verschieden groß ist,
— weil die Kenntnisse der Leser über die dargestellten Inhalte verschieden groß sind und daher manche Dinge verschieden weit oder eng aufgefaßt werden können,
— weil das Denken der Leser verschieden ist und der eine sich an weitere Gelegenheiten erinnert, bei denen die Worte oder Bilder des Dichters schon verwendet wurden, und nun seine Erinnerungen mit dem Dargestellten verbindet (‚assoziiert'), während ein anderer sich an gar nichts erinnert,
— weil die Haltung zu Art und Inhalt der Darstellung von Beruf, Ausbildung und Erziehung geprägt ist, so daß der eine den dargestellten Inhalt lieber wissenschaftlich sieht, der andere ihn mit religiösen, moralischen oder politischen Vorbehalten betrachtet, der dritte gar nicht geneigt ist, ihm unliebe Inhalte auch nur weiter als über die erste oder zweite Zeile hinaus zur Kenntnis zu nehmen und sich mit ihnen sachlich auseinanderzusetzen.
Für alle genannten Ziele und Probleme des Dichtens und für die vorher dargestellten Formen und Stufen der Liebe und ihre vielerlei Bezüge sind die Gedichte des römischen Dichters Catull ein sehr anschauliches und anregendes Beispiel.

6. Gaius Valerius Catullus

Gaius (abgekürzt C.) Valerius Catullus lebte etwa von 84 bis 54 v. Chr. Die gens Valeria war bekannt und begütert und in Verona (Oberitalien) zu Hause. Aber wie alle gentes (Familien) hatte sie das römische Bürgerrecht und so — wie Cicero einmal sagt — zwei Vaterstädte: die von Geburt und die politische. Auch Catull — so lautet der Beiname (cognomen) des Dichters, wodurch eine bessere persönliche Kennzeichnung bewirkt wurde als durch einen der wenigen römischen Standardvornamen — kam nach seiner Kindheit mit entsprechender Ausbildung früh nach Rom. Ein Römer aus vornehmer Familie hätte hier den üblichen Werdegang möglichst weit zu treiben versucht: Ausbildung in Rhetorik mit Einblick in vielerlei Wissensgebiete; Anschluß an führende Männer des öffentlichen Lebens (z. B. Rechtsanwälte, die sich durch ihre Prozeßführung, und Politiker, die sich durch ihre öffentlichen Reden und Leistungen profilieren konnten), Bewerbung um verschiedene öffentliche Ämter und ihre Erringung, z. B. die Ämter des Aedils, des Praetors und des Consuls; Einflußnahme auf das öffentliche Leben von diesen Ämtern aus.

Aber das war nicht Catulls Ziel und Lebensvorstellung. Seine Interessen und Fähigkeiten lagen auf poetischem Gebiet, und dafür erwarb er sich all seine Kenntnisse, insbesondere griechischer Autoren und ihrer Techniken. Die Römer waren bis zu Catulls Zeit eher solche Dichtung gewöhnt, die römische oder griechische Geschichte darstellte und deutete, außerdem Tragödien und Komödien, die an verschiedenen Feiertagen — auch zu ernsten Anlässen, wie Begräbnissen berühmter Leute — zur Unterhaltung aufgeführt wurden, schließlich Satiren, die gesellschaftliche Zustände kritisierten, und Lehrgedichte, die einen fachwissenschaftlichen Inhalt in epischer Form (d. h. in Hexametern → M3.1) darstellten. Seinen Beruf in der poetischen Tätigkeit zu sehen, war für Römer eher etwas Ungewöhnliches. Zunächst hatten gebildete Sklaven aus den eroberten griechischen oder aus anderen Gebieten für die Entwicklung der Dichtung in Rom gesorgt (meist wurden sie von ihren Herren freigelassen und damit rechtlich besser gestellt). Wenn römische Bürger sich der Geschichtsschreibung widmeten (zum Beispiel Sallust kurze Zeit nach Catull) oder philosophische Werke verfaßten (z. B. Cicero während und nach Catulls Zeit), so betonten sie gern den Wert ihrer Schriftstellerei für den Staat und zeigten, daß sie auch aktiv in der Politik tätig gewesen waren. Catull aber schlug diesen Weg aktiver politischer Tätigkeit von vornherein nicht ein. Vielmehr schloß er sich einem Kreis von Dichtern an, deren erklärtes Ziel es war, nicht wie Ennius (239—169) zu dichten, der erste und hochberühmte Dichter eines römischen Nationalepos (das also römische Geschichte darstellte und deutete). Diese Ablehnung des Ennius hat der Dichtergruppe den wütenden Kommentar des damals einflußreichen Politikers, Redners und Schriftstellers Cicero eingetragen; er nannte sie cantores Euphorionis[1], ‚die den Euphorion herunterleiern‘, einen griechischen Dichter des 3. Jahrhunderts v. Chr., dessen Dichtung Künstlichkeit besonders stark merken ließ. Cicero verweist damit auf die Übernahme griechischer Vorstellungen von Dichtung bei dieser römischen Dichtergruppe, und zwar insbesondere solcher Vorstellungen, die um besondere Gelehrsamkeit und besondere Ausfeilung eines poetischen Werks kreisen. Objektiver läßt sich diese Gruppe mit anderen Cicerowörtern bezeichnen als poetae novi[2] oder — griechisch — als Neoteriker (neoteroi)[3].

---

1 Cicero, Tusculanae disputationes 3,45.
2 Cicero, orator 161.
3 Cicero, ad Atticum 7, 2, 1.

Catull gehörte zwar zu diesem Kreis und er verfügte über eine große Gelehrtheit und Kenntnis auf dem Gebiet griechischer Literatur, auch feilte er sicher an seinen Werken, bis sie ihre endgültige und ihn zufriedenstellende Form gewonnen hatten. Aber in der Mehrzahl seiner Gedichte strebt er nicht an, durch allzu offen gezeigte Gelehrsamkeit oder allzu gelehrte Anspielungen, die nur wenige verstehen könnten, den Zugang zu seinen Gedichten zu erschweren. Sie sind vielmehr so gearbeitet, daß sie oft wie unmittelbare, frische, spontane, aus dem Augenblick heraus gemachte Äußerungen klingen. Sein Werk umfaßt 116 Gedichte ganz unterschiedlichen Umfangs, nämlich von kleinen Zweizeilern bis zu einem Kleinepos von 408 Versen. Sie sind so geordnet:

Gedichte 1– 60: kleinere Gedichte in verschiedenen Versmaßen
Gedichte 61– 68: größere Gedichte in verschiedenen Versmaßen
Gedichte 69–116: kleinere Gedichte in elegischen Distichen.

Eine Übersicht über die Versmaße steht am Schluß dieser Ausgabe. Sicher sind die Gedichte nicht in dieser Reihenfolge entstanden, man weiß auch nicht ganz sicher, ob Catull diese Anordnung und somit eine ‚Ausgabe letzter Hand‘ besorgt hat.

7. Catulls Gedichte und das unerschöpfliche Thema ‚Liebe‘

Daß in der Mehrzal der Gedichte Catulls die Liebe das zentrale Thema ist, und zwar konkrete Momente und Empfindungen in der Liebe zu einem anderen Menschen, hebt Catull aus dem Kreis seiner Kollegen heraus, auch wenn diese ebenso wie Catull vom Vorbild griechischen Dichtens ausgingen und in den Geschichten des griechischen Mythos die erotischen Momente mit Fleiß aufspürten und darstellten. Man kann seinen Gedichten sehr viel entnehmen
– über seine Auffassung von der Liebe und über andere antike Auffassungen,
– über verschiedene Formen der Liebe und ihre Beurteilung (vgl. oben Abschnitt 3),
– über verschiedene Stufen der Liebe (vgl. Abschnitt 3),
– über die Rolle der Liebe in Gesellschaft und Kultur,
– über Freundschaft,
– über die römische Gesellschaft, ihre Lebensweise und ihre Anschauungen.

Außerdem kann man sich ein Bild von Catulls Person durch die Beschäftigung mit solchen Gedichten machen, in denen er sich mit anderen Themen als der Liebe beschäftigt: seine Haltung gegenüber den politischen Zuständen, gegenüber Freunden, gegenüber Unglück und Trauer, gegenüber ungeliebten Personen, gegenüber der Wirkung der Dichtung. Bei der Beschäftigung mit diesen Gedichten bringen wir unsere Auffas-

sung ins Gespräch und werden uns so auch über sie klarer (vgl. Abschnitt 5).
Nicht alle 116 Gedichte sind in diese Auswahl aufgenommen. Die aufgenommenen geben jedoch einen umfangreichen und repräsentativen Querschnitt durch sein Werk und berücksichtigen alle genannten Themenbereiche, mit besonderer Intensität die Liebe, denn es sind so gut wie alle Liebesgedichte aufgenommen.
Es empfiehlt sich somit, daß Lehrer und Schüler einen Themenplan entwerfen und danach die Gedichte Catulls auswählen, die am aussagekräftigsten zu den gewünschten Themen sind. Eine gewisse Führung kommt dabei Catull und dem Lehrer zu. Catull deswegen, weil er bestimmte Inhalte besonders großartig gestaltet hat. Dem Lehrer deswegen, weil er diese Gedichte kennt, weil er beurteilen kann, welche leichter und welche schwerer und welche der jeweiligen Altersstufe angemessen sind, und weil er die Anforderungen des Lehrplans am besten auf die konkrete Unterrichtssituation abstimmen kann. Die einzelnen Gedichte, in der Ausgabe in der uns überlieferten Reihenfolge gedruckt und mit den entsprechenden Nummern versehen, werden also im Unterricht sicher nicht alle gelesen und vor allem in einer anderen Reihenfolge, die thematisch Zusammengehöriges auch zusammen behandelt.

8. Die Auslegung der Catull-Gedichte

Durch seine persönlich gestalteten Gedichte auf Mädchen und Jungen, Frauen und Männer, Freunde und Gegner hat Catull immer viele Menchen angesprochen, zu vielen Deutungen und auch Nachdichtungen angeregt. Vor allem gab und gibt es immer wieder die Neigung, Catulls Gedichte als direkten Ausdruck seines tatsächlichen Erlebens zu nehmen — so, als hätte er alles, was er darstellt, so und nicht anders erlebt.
Eine Reihe von Personen und Anlässen, die in seinen Gedichten genannt werden, lassen sich ganz genau bestimmen. Aber gerade bei der Person, der die meisten Gedichte gelten, ist dies schwierig. Sie heißt Lesbia, und damit wird eine kunstsinnige, inspirierende Frau angesprochen, denn Lesbia meint ‚die Frau von (der Insel) Lesbos' und verweist auf die berühmteste griechische Dichterin, Sappho (7. Jh. v. Chr.), die auf Lesbos wirkte. Aus zwei antiken Nachrichten, Hinweisen bei den Autoren Ovid und Apuleius, erfährt man aber, daß Catull damit eine konkrete Person in Rom namens Clodia gemeint haben soll. Man vermutet, daß es sich um die zweite von drei Schwestern des Clodius Pulcher handelt. Dieser Clodius Pulcher, Adliger wie Catull, war in Rom zu trauriger Berühmtheit dadurch gelangt, daß er Schlägerbanden zu politischen Zwecken einsetzte, und insbesondere war er ein scharfer Gegner Ciceros und Anhänger Caesars. Clodia war für ihre Bildung, ihr luxuriöses Leben, ihre Schönheit und ihre Hemmungslosigkeit bekannt. Sie war mit ihrem Vet-

ter Quintus Caecilius Metellus Celer vermählt, der als etwas einfältig bekannt war, hatte aber auch ein Verhältnis zu ihrem Bruder. Viel erfährt man über sie aus einer sehr harten Rede Ciceros, die er verfaßte, um Caecilius Metellus zu verteidigen, weil ihn seine Frau Clodia der Vorbereitung zum Giftmord angeklagt hatte. Eine solche Rede nutzte Cicero gleich auch zum politischen Kampf gegen Clodius, den Bruder der Klägerin, so daß sich manche Übertreibungen vermuten lassen.

Jedoch muß man sehen, daß all dieses Wissen nur beschränkt für die Auslegung der Catullischen Gedichte herangezogen werden kann. Vieles ist unsicher und an vielen Stellen ergibt sich ein ganz anderes Bild bei Catull als in anderen Texten. Catull ist als Dichter offen für viele Dinge des Lebens, für viele menschliche Gefühle. Er sucht sie geistig zu durchdringen und stellt sie dann so dar, daß sie vielen Menschen zugänglich sind, in einer inhaltlichen Gestaltung, die viele an ihr eigenes Erleben erinnern kann oder durch eindrucksvolle Bilder fremdes Erleben nachvollziehen läßt und nachhaltig wirkt. Die Verdichtung einer Schilderung oder eines Gedankens auf ein konkretes Bild und die Wahl solcher Wörter oder Wortzusammenstellungen, die vielen Lesern vielerlei Gedankenverbindungen nahelegen, ist ein wesentlicher Zug von Dichtung.

Catulls Gedichte sind also sicher Ausdruck seines Denkens und Fühlens, aber nicht unbedingt Darstellung eines konkreten Erlebnisses. Also muß man sich bei der Auslegung seiner Gedichte vor allem um folgende Dinge bemühen:

— Beobachtung und Deutung aller sprachlichen und stilistischen Erscheinungen,
— Erarbeitung des vermuteten inhaltlichen Anliegens des Gedichtes,
— Vergleich des Inhalts und des Ziels mit Denken und Einstellungen zu Catulls Zeit,
— Verleich des Inhalts und des Ziels mit Denken und Einstellungen der heutigen Zeit und des einzelnen Lesers,
— Untersuchung des jeweiligen Gedichts auf seinen Beitrag zum Unterrichtsthema.

Damit diese Arbeit geleistet werden kann, enthält das Textheft viele sprachliche und inhaltliche Erläuterungen sowie diese Einleitung und einen metrischen Anhang. Vertieft wird dies durch das Begleitheft; es enthält vielerlei Begleittexte (**B**), die Information zu anderen, damaligen oder heutigen, Sichtweisen bringen; ferner ein Verzeichnis stilistischer Mittel; ebenfalls Arbeitsaufträge zur Interpretation der einzelnen Gedichte. Diese Arbeitsaufträge gehen von der sprachlichen und inhaltlichen Beobachtung aus und stellen sodann die Beobachtungen in immer größere Zusammenhänge bis hin zur Konfrontation mit heutigen Auffassungen; sie sind zum Teil mit Zeichen versehen, ob sie sich besonders für Referate oder Gruppenarbeit eignen und ob sie eventuell auslaßbar sind, weil sie besonders anspruchsvoll sind oder auf ein anderes Thema führen. Die Arbeitsaufträge sind insgesamt als Anregung zu verstehen.

Denn erstens kann es sein, daß Schüler und Lehrer ganz andere Fragestellungen entwickeln. Und zweitens sollen die angeführten Arbeitsaufträge nur dazu anleiten, bestimmte Fragen und Techniken immer wieder anzuwenden, so daß sie mit der Zeit vom Schüler beherrscht und an andere Texte herangetragen werden können. Man merkt dann schnell, ob der andere Text auf ähnliche Fragen antwortet oder nicht und erkennt dann Unterschiede in den einzelnen Texten. Die Berücksichtigung der Arbeitsaufträge und Begleittexte im Begleitheft übt also im Umgang mit Texten und vermittelt vielerlei Hintergrundwissen. Beides ist auch bei anderen Lektüren sehr gut verwendbar, und beides hilft, die inhaltliche Arbeit auf sichere Füße zu stellen.

In der Einleitung zitierte Literatur:

Irenäus Eibl-Eibesfeldt: Liebe und Haß. Zur Naturgeschichte elementarer Verhaltensweisen, München (Piper) ^{2}1976, S. 148, 147, 147f.

Erich Fromm: Die Kunst des Liebens, 1956, deutsch: Frankfurt am Main (Ullstein Buch 258), S. 81.

Herman van de Spijker: Die gleichgeschlechtliche Zuneigung, Olten (Walter) 1968, bes. S. 25–36.

CATULLI CARMINA

1 Cui dono lepidum novum libellum
arida modo pumice expolitum?
Corneli, tibi: namque tu solebas
meas esse aliquid putare nugas,
5 iam tum, cum ausus es unus Italorum
omne aevum tribus explicare cartis,
doctis, Iuppiter, et laboriosis.
Quare habe tibi, quicquid hoc libelli,
qualecumque; quod, o patrona virgo,
10 plus uno maneat perenne saeclo!

---

1 **Versmaß:** Hendecasyllabus → M 3.3. (1) **dōnāre:** schenken, widmen. **novus:** neu, *erinnert möglicherweise auch an das Programm Catulls und anderer Dichter, die sich* poetae novi *oder Neoteriker ‚Neuerer' nannten, vgl. zu* lepidus. **lepidus:** fein, zierlich, anmutig, *das Wort erinnerte den Kenner an das griechische* leptós (λεπτός), *mit dem es auch verwandt ist;* katá leptón, *d. h. in kleinen, eleganten Formen und ohne schwülstige Sprache zu dichten, war das erklärte Ideal des hellenistischen Dichters Kallimachos von Kyrene (305—240) und der sein Programm übernehmenden Neoteriker, einer Gruppe von Dichtern, die zwischen 90 und 40 v. Chr. lebte und zu der auch Catull gehörte.* **libellus:** Büchlein, kleine Schrift; *auch in diesem Ausdruck steckt die Liebe zur kleinen Form; gemeint ist aber kein ‚Buch' in unserem Sinn. Man schrieb nämlich zu veröffentlichende Werke in Catulls Zeit vorwiegend auf Papyrus. Dieser wurde aus dem Mark der ägyptischen Papyrusstaude hergestellt, das in dünne längliche Scheiben zerschnitten wurde, die in frischem Zustand gitterförmig aufeinandergelegt und gepreßt wurden. Einzelblätter wurden zu Rollen von bis zu 10 m Länge und bis zu 30 cm Höhe zusammengeklebt. Die Rollen selbst waren um einen Holz- oder Elfenbeinstab gewickelt, so daß man sie ab- und aufwickeln konnte. Brauchte man für ein Werk mehrere Rollen, so war jede Rolle ein* liber *(‚Buch'). Catulls Gesamtwerk ist nicht in Bücher eingeteilt. Unsicher ist, ob es auf eine einzige Rolle paßte und ob also das einleitende Widmungsgedicht der gesamten Sammlung gilt.* (2) **āridus:** trocken. **modŏ:** eben. **pūmex,** icis *(bei Catull f.):* Bimsstein. *Mit Bimsstein glättete man die Enden der Papyrusrollen. Aber gleichzeitig liegt eine Anspielung auf die harte und lange Arbeit vor, die das Feilen und Korrigieren gelungener Dichtung erfordert.* **expolītus:** geglättet, verfeinert. (3) **Cornelius** meint wohl Cornelius Nepōs *(90—30 v. Chr.), der aus derselben Gegend wie Catull stammte und das Werk sehr schätzte, wie eine Bemerkung in seiner Biographie des T. Pomponius Atticus (12,4) zeigt. Außer Lebensbeschreibungen schrieb Nepos die ‚Chronica', eine Weltgeschichte von den Anfängen bis zu seiner Zeit; diese ist aber nicht erhalten.* **namque:** Erläuterung und Anschluß. (4) **aliquid esse:** etwas wert sein, etwas darstellen. **nūgae,** arum: Einfälle, Kleinigkeiten; *so nennt C. mit understatement seine Dichtungen.* (5) **audēre,** ausus sum: wagen, den Mut haben. **Ītali:** Italer, *Bewohner Italiens.* (6) **aevum:** Zeit, Ewigkeit. **explicare:** erklären, darstellen. **carta:** Papyrusblatt, Seite; *‚drei Seiten' ist eine Untertreibung, die wohl das Bemühen des Nepos um geistvolle Kürze charakterisieren soll, vgl. v. 7.* (7) **doctus:** gelehrt. *Gelehrt zu sein, geforscht zu haben und auch weit entfernte Anspielungen zu machen, die den Lesern Nüsse zu knacken aufgeben, stand ebenfalls auf dem Programm der alexandrinischen Dichter und der* poetae novi. *Catull ist der einzige antike Dichter, dem ausdrücklich der Beiname* poeta doctus *schon in der Antike gegeben wurde. Aber andere Dichter verdienen diesen Namen ebenso, und heute bekennen sich zu einem solchen Programm oder verdienen diesen Namen so schwierige Dichter oder Schriftsteller wie Ezra Pound, T. S. Elliot und Arno Schmidt.* **Iuppiter:** Ausruf. **laboriōsus:** arbeitsreich, mühevoll; *vgl. v. 2.* (8) **quārē** *(relativischer Anschluß):* daher. **habē tibī:** es soll dir gehören *(juristische Schenkungsformel).* **quidquid** sc. est. **hoc libelli** *(Gen. partitivus): beliebte lateinische Ausdrucksweise, dagegen i. D.* dieses Büchlein. (9) **quālecumque** sc. est: wie beschaffen es auch immer, gleichgültig von welcher Qualität es ist; *die Beschreibung wird gegenüber* quidquid *noch verdeutlicht und auf die Qualität bezogen.* **patrōna virgō:** schützende Jungfrau, mädchenhafte Beschützerin *meint eine der neun Musen, die C. hier wie ein römischer Klient anspricht, der er Leistungen erbringt und von der er Schutz und Lohn erwartet (vgl. 76 B 1).* (10) **perennis:** fortdauernd, beständig. **saeclum** = saeculum.

2 Passer, deliciae meae puellae,
quicum ludere, quem in sinu tenere,
cui primum digitum dare adpetenti
et acris solet incitare morsus,
5 cum desiderio meo nitenti
karum nescioquid libet iocari
et solaciolum sui doloris —
credo, tum gravis acquiescet ardor:
tecum ludere sicut ipsa possem
10 et tristis animi levare curas!

3 Lugete, o Veneres Cupidinesque
et quantum est hominum venustiorum!
Passer mortuus est meae puellae,
passer, deliciae meae puellae,
5 quem plus illa oculis suis amabat:
nam mellitus erat suamque norat
ipsam tam bene, quam puella matrem,
nec sese a gremio illius movebat,
sed circumsiliens modo huc, modo illuc
10 ad solam dominam usque pipiabat.
Qui nunc it per iter tenebricosum
illuc, unde negant redire quemquam.

---

2 **Versmaß:** Hendecasyllabus → M 3.3. (1) **passer:** Sperling. **dēliciae:** Spielerei, Lust, Liebling. (2) **quīcum:** mit dem. **sinus, us:** Busen, Schoß. (3) **prīmus digitus** svw. Fingerspitze. **adpetere:** nach etwas greifen, verlangen o. ä. (4) **acrīs:** *Akk. Pl.* **incitare:** anregen, anstacheln zu. **morsus, ūs:** Beißen, Biß. (5) **dēsīderium:** Sehnsucht *(meint die puella).* **nitēns:** glänzend, schimmernd *(schöne Personen wurden mit diesem Attribut des Goldes gekennzeichnet).* (6) **kārus** *(seltenes Beispiel für die Verwendung des Schriftzeichens k)* = carus: lieb teuer. **nescioquid:** ich weiß nicht was, irgend etwas. **libet:** es beliebt, es gefällt. **iocari:** scherzen, Spaß machen *(h. mit Akk-obj.* nescioquid karum). (7) **sōlāciolum:** lieber *oder* kleiner Trost *(C. verwendet gern Verkleinerungsformen auf -olus, -a, -um, ein Kennzeichen erotischer Sprache).* **dolor:** Schmerz, *meint häufig den* Liebeskummer. (8) **aquiēscere:** zur Ruhe kommen. **ārdor:** Brand, Feuer, *häufig im Sinne von* Liebesglut, Leidenschaft. (9) **tēcum:** mit dir. **ipsa:** sie selbst *(meint die* puella). (10) **trīstīs:** *Akk. Pl. von* trīstis: traurig, niedergeschlagen. **levare:** erleichtern, wegnehmen.

3 **Versmaß:** Hendecasyllabus → M 3.3. (1) **lūgēre:** trauern. **Venerēs, Cupīdinēs:** *Pl. zu* Venus, Veneris *(Liebesgöttin Venus) und* Cupīdo *(Liebesgott Cupido).* Venus *bedeutet* ‚Anmut', ‚Liebreiz' *(der verliebt macht),* Cupido *das* ‚Liebesverlangen'. *Die Plurale verallgemeinern:* ‚Venus und Cupido in allen Erscheinungsformen' *(Götter können sich in vielerlei Gestalt und in vielerlei menschlichen Eindrücken zeigen). Sie können aber auch viele Einzelerscheinungen kennzeichnen:* ‚in vielen Menschen aktuell und akut wirksame Venus und Cupido'. (2) **quantum hominum:** wieviel an Menschen *(Gen. partitivus),* alle Menschen, die ... **venustus:** anmutig, liebreizend. (3) **passer:** Sperling. (4) **dēliciae:** Spielerei, Lust, Liebling. (6) **mellītus:** honigsüß. **sua:** seine Herrin. **nōrat** = nōverat *von* nōvisse: kennen. (8) **gremium:** Schoß. (9) **circumsilire:** herumhüpfen. **modo — modo:** bald — bald. (10) **domina:** Herrin. **ūsque:** dauernd. **pīpiare:** piepen. (11) **quī:** relativischer Anschluß. **tenebricōsus:** finster, in Dunkel gehüllt. (12) **unde negant redire quemquam:** relativische Verschränkung, da *unde Ergänzung zu* redire *ist, i. D. aber Relativpronomina sich nur auf das Prädikat des Relativsatzes oder als Gen.-Attr. auf ein Nomen im Relativsatz beziehen können; daher Gewichtsverschiebung bei der Übersetzung:* von wo, wie man sagt, keiner zurückkehrt.

　　　　At vobis male sit, malae tenebrae
　　　　Orci, quae omnia bella devoratis:
　　15 tam bellum mihi passerem abstulistis.
　　　　O factum male! | O miselle passer!
　　　　Tua nunc opera meae puellae
　　　　flendo turgiduli rubent ocelli.

5　　Vīvamus, mea Lesbia, atque amemus
　　　　rūmoresque senum sevēriorum
　　　　omnes unīus aestimemus assis!
　　　　Soles occidere et redire possunt:
　　5 nobis cum semel occidit brevis lux,
　　　　nox est perpetua una dormienda.
　　　　Da mi basia mille, deinde centum,
　　　　dein mille altera, dein secunda centum,
　　　　deinde usque altera mille, deinde centum.
　　10 Dein, cum milia multa fecerimus,
　　　　conturbabimus illa, ne sciamus
　　　　aut ne quis malus invidere possit,
　　　　cum tantum sciat esse basiorum.

---

(13) **male sit** *(Verwünschungsformel)*: es soll schlecht ergehen! **tenebrae**: Finsternis, Dunkel. (14) **Orcus**: Orkus, *Bezeichnung der Unterwelt, die man sich als umschlossenes Gebiet für die verstorbenen Menschen bzw. deren ‚Schatten' vorstellte.* **bellus**: schön. **dēvorare**: verschlingen. (19) **ō**: *Ausruf mit nachfolgendem Akk. des Ausrufs.* **male factum**: Untat, schändliches Geschehen. *Nach* factum male *beginnt das nächste Wort mit Vokal; dennoch erfolgt hier keine Synaloephe* (→ M 2,7), *so daß ein Hiát entsteht* (hiātus: das ‚Offenhalten des Mundes' zum neuen Tonansatz). **misellus**: *Verkleinerungsform zu* miser: unglücklich, arm; *vgl. zu 2,7; wir würden die Verkleinerung eher bei* passer *erwarten.* (17) **opera**: Tätigkeit, Tat. (18) **flēre**: weinen. **turgidulus**: geschwollen *(zur Verkleinerungsform vgl. 2,7).* **rubēre**: rot sein. **ocellus**: *Verkleinerungsform zu* oculus.

5 **Versmaß**: Hendecasyllabus → M 3.3. (1) **mea**: *das Possessivpronomen ist zur Betonung vor das Bezugswort gestellt.* **atque**: *während* et *nur anreiht, wird mit* atque *oft eine genauere Erläuterung (‚und das heißt') angefügt.* **Lesbia**: → Einleitung 8. (2) **rūmōrēs**: *der Plural macht die Aussage grundsätzlich:* jede Art von Gerede. **senex**, senis: Greis, alter Mann *ab 45 Jahren.* **sevērus**: streng; *der Komparativ ohne ausdrückliche Nennung des Vergleichspunktes bezeichnet* eine relativ *oder* allzu hohe Stufe. (3) **ūnīus**, Gen. zu ūnus: *C. behandelt die Endung* -ius *fast immer als zwei Kürzen.* **as**, assis n.: *der As, eine römische Münzeinheit, die ursprünglich viel, zur Zeit Catulls aber als Kupfermünze nur 5 Pfennig wert war.* **assis**: Gen. pretii *(der Wertangabe).* (4) **occidere**: untergehen. (6) **noctem dormire**: eine Nacht schlafen: *Umschreibung für den Tod bzw. den Zustand danach, der für viele antike Menschen und insbesondere die Anhänger des griechischen Philosophen Epikur (der 306 in Athen eine Schule gründete) als Zustand ohne jede Wahrnehmung galt; vgl. B 2.* (7) **mī** = mihi. **bāsium**: Kuß. **bāsia mīlle**: *die Reihenfolge gleicht der einer Warenbestellung, erst wird der ‚Artikel' genannt, dann die Anzahl oder Menge.* **deinde**: Synizese, *lies* djinde; *ebenso bei den folgenden Formen* deinde, dein (→ M 2.8). (8) **altera** (‚weitere'), **secunda** (‚ein zweites') *richten sich in der Endung nach* basia. (10) **fēcerīmus**: *C. wertet das Futurzeichen* i *hier lang.* **facere** *bei Mengenangaben*: zusammenkratzen, in die Bilanz einbringen. (11) **conturbare**: durcheinanderbringen *(in der Rechnung oder Bilanz).* **sciāmus** *sc.* (Z. 13) tantum esse basiorum. (12) **malus**: übelwollend, Übelgesinnter. (13) **basiorum**: Gen. partitivus *zu* tantum. **sciat**: Konjunktiv, *weil der* cum-*Satz außer zeitlicher auch kausale Funktion hat.*

6 Flavi, delicias tuas Catullo,
ni sint inlepidae atque inelegantes,
velles dicere nec tacere posses.
Verum nescioquid febriculosi
5 scorti diligis: hoc pudet fateri.
Nam te non viduas iacere noctes
nequiquam tacitum cubile clamat
sertis ac Syrio fragrans olivo
pulvinusque peraeque et hic et ille
10 attritus tremulique quassa lecti
argutatio inambulatioque.
Nam nil ista valet, nihil, tacere.
Cur? Non tam latera ecfututa pandas,
ni tu quid facias ineptiarum.
15 Quare, quidquid habes boni malique,
dic nobis: volo te ac tuos amores
ad caelum lepido vocare versu.

7 Quaeris, quot mihi basiationes
tuae, Lesbia, sint satis superque.
Quam magnus numerus Libyssae arenae
lasarpiciferis iacet Cyrenis
5 oraclum Iovis inter aestuosi

---

6 Versmaß: Hendecasyllabus → M 3.3. (1) **Flavius**: *ein sonst unbekannter Freund Catulls.* **dēliciae**: Spielerei, Lust, Liebling *(die Bedeutungen lassen sich nicht trennen).* (2) **nī** = nisi. **sint — velles** (3): *C. verwendet hier, wie es im Altlatein üblich war, den Konj. Präs. und den Konj. Imperf. noch unterschiedslos zum Ausdruck eines Irrealis.* **inlepidus**: unfein, witzlos. **inēlegāns**: unschön, geschmacklos. (4) **vērum**: aber. **nescioquid**: irgendetwas von *(mit Gen. partitivus).* **febriculōsus**: fieberkrank, malariakrank. (5) **scortum**: Hure. **te pudet**: du schämst dich. (6) **viduus**: ohne Partner(in), einsam. (7) **nequīquam**: vergeblich, erfolglos. **tacitus**: schweigsam *(h:* zu schweigen versuchend *oder* wovon geschwiegen wird). **cubile, is** *n.*: Lager, Bett. (8) **sertum**: Girlande, Kranz. **Syrius**: syrisch *(für Römer oft mit der Nebenbedeutung des Orientalischen, Üppigen).* **fragrare**: (stark) duften. **olīvum**: (Salb)Öl. (9) **pulvīnus**: Kissen, Polster. **peraequē** *(Adv.)*: gleichmäßig. **hic, ille** *prädikativ zu pulvinus*: auf der einen Seite, auf der anderen Seite. (10) **attrītus**: abgenutzt, abgescheuert. **tremulus**: zitternd. **quassus**: geschüttelt, bebend, voller Erschütterungen. **lectus**: Bett. (11) **argūtātio**: Knarren. **inambulātio**: Hin- und Herschaukeln, Bewegung. (12) **valēre**: nützen. (13) **latus, eris** *n.*: Seite, Lende. **ecfutūtus**: *obszönes Wort*: total ausgebumst. **pandere**: *svw.* breit von sich strecken. (14) **ineptiae**: Unpassendes, Verrücktheiten. (15) **quārē**: daher *(relativischer Anschluß).* (16) **amores**: *Sache statt Person* (→ S 2); *der Pl. steigert.* (17) **lepidus**: anmutig, zierlich.

7 Versmaß: Hendecasyllabus → M 3.3. (1) **bāsiātio**: die Küssung *(die also schon in sich aus vielen Küssen besteht.* (2) **tuae**: *Attribut zu* basiationes. **super**: darüber hinaus, mehr als das. (3) **quam māgnus numerus ... aut quam sidera multa** (7) ... **tam tē basia multa basiare** (9): eine wie große Zahl ... oder wie viele Sterne ...: daß du so viele Küsse küßt ... **Libyssus**: libysch. **arēna**: Sand. (4) **lāsarpicifer**: Silphium tragend *(der Saft der Pflanze laser oder Silphium, für die Cyrene berühmt war, wurde als Heilmittel gegen Wahnsinn verwendet).* **Cyrēnae, arum**: Cyrene, *Hauptstadt von Cyrenaica in Libyen, von Battos erbaut und übrigens Geburtsstadt des gelehrten griechischen Dichters und Begründers des „feinen" oder „zarten" Stils Kallimachos (vgl. Einleitung 6).* (5) **ōrāclum** = ōrāculum: Orakelstätte. **Iuppiter** *(Gen.* Iovis) **aestuōsus**: der heiße *(auch:* hitzige) Jupiter, gemeint ist Iuppiter Ammon. Ammon, *Gott des ägyptischen Theben, wurde mit Zeus und Jupiter gleichgesetzt; seine Orakelstätte in der Oase Siwa war berühmt.*

et Batti veteris sacrum sepulcrum
aut quam sidera multa, cum tacet nox,
furtivos hominum vident amores:
tam te basia multa basiare
10 vesano satis et super Catullo est,
quae nec pernumerare curiosi
possint nec mala fascinare lingua.

8 Miser Catulle, desinas ineptire,
et, quod vides perisse, perditum ducas!
Fulsere quondam candidi tibi soles,
cum ventitabas, quo puella ducebat
5 amata nobis, quantum amabitur nulla.
Ibi illa multa cum iocosa fiebant,
quae tu volebas nec puella nolebat,
fulsere vere candidi tibi soles.
Nunc iam illa non vult: tu quoque, inpotens, noli
10 nec, quae fugit, sectare nec miser vive,
sed obstinata mente perfer, obdura.
Vale, puella, iam Catullus obdurat
nec te requiret nec rogabit invitam.
At tu dolebis, cum rogaberis nulla:
15 scelesta, vae te! Quae tibi manet vita?
Quis nunc te adibit? Cui videberis bella?
Quem nunc amabis? Cuius esse diceris?
Quem basiabis? Cui labella mordebis?
At tu, Catulle, destinatus obdura.

(6) **Battus:** *sagenhafter Gründer und König von Cyrene, dort auf dem Marktplatz begraben und als Heros (Halbgott) verehrt. Kallimachos rechnete ihn zu seinen Vorfahren.* **vetus,** eris: altbekannt. **sacer,** sacra, sacrum: heilig, ehrwürdig, verehrt. **sepulcrum:** Grab(mal). (7) **sīdus,** eris *n.:* Stern. (8) **fūrtīvus:** heimlich, *d. i.* den Augen anderer entzogen. (10) **vēsānus:** ohne Vernunft, wahnsinnig. (11) **pernumerare:** Stück für Stück zählen. **cūriōsus:** wißbegierig, neugierig. (12) **fascinare:** behexen *(d. h. durch einen Zauberspruch, z. B. auf entsprechenden Täfelchen, die in die Erde vergraben wurden).*

8 **Versmaß:** Hinkjambus → M 3.8. (1) **miser:** unglücklich, unselig *bezeichnet eine Person, die zu einer unangenehmen Situation nicht die richtige Einstellung gewinnt.* **dēsinere:** aufhören. **ineptire:** sich unpassend verhalten. (2) **perire:** untergehen, verlorengehen. **perdere:** verlieren. **dūcere:** halten für. (3) **fulgēre,** fulsi: strahlen. **quondam:** einst. **candidus:** glänzend. (4) **ventitare:** *verbum intensivum oder frequentativum zu venire.* (5) **nōbis:** *sog. Dativus auctoris (des Urhebers).* (6) **iocōsus:** scherzhaft, kurzweilig. (8) **vērē** *Adv.:* wahrlich, wirklich. (9) **iam illa:** lies jilla *(Synaloephe* → *M 2,7).* **impotēns:** ohnmächtig, machtlos. (10) **sectari:** *verbum intensivum zu* sequi. (11) **obstinatus:** fest entschlossen. **perferre:** aushalten, ertragen. **obdūrare:** hart sein. (12) **valē:** leb wohl! (13) **requīrere** + *Akk.:* nach j-m suchen. **rogare:** bitten, einladen. (14) **nūlla** *prädikativ* (,als keine'): überhaupt nicht. (15) **scelestus:** verrucht *(weil untreu)* oder unglückselig. **vae:** wehe (+ *Akk. des Ausrufs).* (16) **cui:** *sog. Dativus auctoris (des Urhebers).* **vidēri:** gesehen werden, erscheinen als. **bellus:** schön. (17) **alicūius esse:** j-m gehören. **dīcēris:** *persönliches Passiv, das eine Infinitivergänzung verlangt; da das einleitende Fragepronomen zu* esse *gehört, i. D. sich aber auf das Prädikat beziehen muß, ist bei der Übersetzung ,Gewichtsverschiebung' notwendig:* (,Wem zu gehören, wirst du gesagt werden' =) wem, wird man sagen, gehörst du? (18) **bāsiare:** küssen. **labellum:** Lippe. **mordēre:** beißen. (19) **dēstinātus:** entschlossen, beharrlich.

9 Verani, omnibus e meis amicis
antistans mihi milibus trecentis,
venistine domum ad tuos penates
fratresque unanimos anumque matrem?
5 Venisti. O mihi nuntii beati!
Visam te incolumem audiamque Hiberum
narrantem loca, facta, nationes,
ut mos est tuus, applicansque collum
iocundum os oculosque suaviabor.
10 O quantum est hominum beatiorum,
quid me laetius est beatiusve?

10 Varus me meus ad suos amores
visum duxerat e foro otiosum,
scortillum, ut mihi tunc repente visum est,
non sane inlepidum neque invenustum.
5 Huc ut venimus, incidere nobis
sermones varii, in quibus, quid esset
iam Bithynia, quo modo se haberet
et quonam mihi profuisset aere.
Respondi id, quod erat: nihil neque ipsis

---

9 **Versmaß:** Hendecasyllabus → M 3.3. (1) **Verānius:** *ein Freund Catulls, der h. offensichtlich von einem Aufenthalt in Spanien zurückgekehrt ist, wo er sicher eine Aufgabe in Heer oder Verwaltung wahrgenommen hatte.* (2) **antistare:** *voranstehen, übertreffen.* **mīlibus trecentis:** *entweder ‚um 300 Meilen' (Abl. differentiae ‚des Unterschieds') oder ‚allen 300' (nämlich Freunden).* (3) **penātēs,** ium: *Penaten, Schutzgötter der röm. Familie und des Staates; die privaten Penaten wurden im Innern des Hauses verehrt, und daher wird* penates *eine Umschreibung für ‚Haus'.* (4) **ūnanimus:** *gleichgesinnt, einträchtig.* **anus,** us *f.: alt(e Frau).* (6) **vīsere:** *ansehen.* **incolumis:** *wohlbehalten.* **Hibēres,** um: *Iberer (Bewohner der spanischen Landschaft Hiberia).* (7) **nātio:** *die angeborene Art, Volksstamm; ethnographisches Interesse war weit verbreitet, wie z. B. auch Caesars Einlagen in seinem* bellum Gallicum *zeigen.* (8) **applicare:** *anlehnen, anfügen.* **collum:** *Hals.* (9) **iōcundus:** *anziehend, liebenswürdig.* **suāviāri:** *küssen.* (10) **quantum:** *wie viel an (+ Gen. partitivus).* **beātior:** *der Komparativ ohne Nennung einer Vergleichsperson bezeichnet eine relative oder zu hohe Stufe.* (11) **mē:** *Abl. comparationis.*

10 **Versmaß:** Hendecasyllabus → M 3.3. (1) **Vārus:** *ein Freund Catulls, vielleicht der in c. 30 angesprochene Alfenus Varus, vielleicht ein anderer.* **meus:** *Zeichen besonderer Vertrautheit.* **amōres:** *vgl. zu 6,16.* (2) **vīsum:** *sog. Supinum 1 zu* visere*: zum Ansehen.* **ōtiōsus:** *untätig, prädikativ: als ich gerade nichts zu tun hatte.* (3) **scortillum:** *Hürchen.* **repente:** *sofort.* (4) **sānē:** *allerdings, immerhin.* **inlepidus:** *unfein, witzlos.* **invenustus:** *reizlos, unattraktiv.* (5) **ut:** *sobald.* **incidēre** = incidērunt *von* incidere, cidi *svw. aufkommen.* (6) **in quibus** *svw.: darunter, unter anderem.* **quid esset** *volkstümliche Ausdrucksweise: wie steht's denn mit, wie geht's denn in ...* (7) **Bithȳnia:** *seit 74 röm. Provinz in Kleinasien, sehr fruchtbar, C. war dort im Gefolge eines Statthalters gewesen und hatte – entgegen dem sonst Üblichen – keinerlei materiellen Gewinn davon gehabt.* **sē habēre:** *sich befinden, aussehen.* (8) **quinam, quodnam:** *welcher, welches denn.* **prōdesse:** *nützen.* **aes, aeris** *n.: Geld.* (9) **nihil est, cur:** *es gibt keinen Anlaß, warum; es gibt nichts, weswegen (mit nachfolgendem Konjunktiv im indirekten Fragesatz, der i. D. gern irreal/potential wiedergegeben wird: ‚könnte', ‚hätte können').* **neque ipsis nec praetoribus nec cohorti, praesertim quibus esset irrumator praetor:** *erstens grundsätzlich nicht, weder für Praetoren (die die Provinzstatthalterschaft hatten) noch für ihren Stab (beamtete oder befreundete Leute, die einem Statthalter folgten), erst recht nicht für solche Leute, die einen Scheißkerl als Prätor haben (*ipsis *bezieht sich auf* praetoribus *und* cohorti *zusammen, die Verneinungen werden volkstümlich gehäuft,* praetoribus *zeigt, daß C. zunächst eine grundsätzliche Aussage machen*

10 nec praetoribus esse nec cohorti,
   cur quisquam caput unctius referret,
   praesertim quibus esset irrumator
   praetor nec faceret pili cohortem.
   ‚At certe tamen', inquiunt, ‚quod illic
15 natum dicitur esse, comparasti,
   ad lecticam hominis.' Ego, ut puellae
   unum me facerem beatiorem,
   ‚Non', inquam, ‚mihi tam fuit maligne,
   ut, provincia quod mala incidisset,
20 non possem octo homines parare rectos.'
   (At mi nullus erat neque hic neque illic,
   fractum qui veteris pedem grabati
   in collo sibi collocare posset.)
   Hic illa, ut decuit cinaediorem,
25 ‚Quaeso', inquit, ‚mihi Catulle, paulum
   istos commoda: nam volo ad Serapim
   deferri.' ‚Mane,' | inquii puellae,
   ‚istud, quod modo dixeram: me habere ...
   fugit me ratio. Meus sodalis —
30 Cinna est, Gaius: — is sibi paravit.
   Verum, utrum illius an mei, quid ad me?

---

will *(die übrigens nicht stimmt); mit* praesertim *leitet er eine besondere Aussage ein, die die grundsätzlich steigern soll, sie aber eigentlich aufhebt;* irrumator *(vgl. zu 16,1) ist ein starkes Schimpfwort aus der Sexualsphäre, wie es heute im Angloamerikanischen üblich ist; im deutschen Sprachbereich werden dafür Wörter aus der Fäkalsprache verwendet).* **(11) caput ūnctius referre**: *das Haupt gesalbter (unctus fett) zurückbringen,* Umschreibung für ‚reicher zurückkommen'. **(13) nec faceret**: *an die* praesertim quibus-*Satz angeschlossen, obwohl* quibus *sich nur auf* esset *bezieht, volkstümlicher Stil.* **pilus**: *Haar.* **nec pili** *(Gen. pretii)* **facere**: *nicht für ein Haar wert halten.* **(14) certē** *Adv.: sicherlich, bestimmt.* **illic**: *dort.* **(15) nāsci**, nātus sum: *entstehen, aufkommen;* Perf.: *zu Hause, heimisch sein.* **(16) ad lecticam hominēs**: *Sänftenträger.* **(17) beātus**: *beglückt, reich.* **(18) inquam**: *sag(t)e (ich).* **mihī malignē est**: *meine Verhältnisse sind kärglich, ich lebe in ärmlichen Verhältnissen.* **incidere**, cidi: *überfallen, treffen (die Provinz erscheint als Krankheit).* **(20) parare**: *an-, verschaffen.* **rēctus**: *gerade gewachsen, stramm.* **(22) grabātus**: *Billigbett, Feldbett, Pritsche.* **frāctus pēs**: *zerbrochener Fuß: der Sprecher des Gedichts hat also weder acht noch einen strammen Träger.* **(21) mī** = mihī. **(23) collum**: *Hals.* **(24) cinaedus** *ist ein Ausdruck für den männlichen Homosexuellen, der sexuell eine aktive Rolle übernimmt; diesen Ausdruck setzt C. hier noch in den Komparativ; i. D. etwa ‚allzu hinterfotzig'; vgl. zu 10,12 und zu 9,10.* **(25) quaeso**: *bitte.* **mi**: *Vokativform zu* meus. **(26) commodare**: *leihen.* **ad Serāpim**: *zum Serapis (nämlich zu seinem Tempel); S. war ein hoher ägyptischer Fruchtbarkeitsgott, dessen Kult damals, wie viele andere östliche Kulte auch, in Rom guten Anklang fand, gerade bei Mädchen wie der in diesem Gedicht.* **dēferre**: *hintragen; ein Auftritt in der Sänfte hätte seine Wirkung bei Kolleginnen und Neidern; Kirchgang ist hier mit Show verbunden.* **mane**: *warte! halt! das ursprünglich lange e (Imperativ) wird hier kurz gewertet, was beim Hiat möglich ist; an dieser Stelle wird der Hiat nicht durch Synaloephe überbrückt (→ M 2.7, 2.11).* **inquiī**: *Perfekt zu* inquam *(18).* **(28) modō**: *eben.* **istud**: *das, wird durch* quod — dixeram *und durch* me — habere *(sc.* homines ad lecticam*) erläutert, dann macht der Sprecher eine Pause und kommentiert:* **fūgit me ratiō**: *da hat mich die Erinnerung verlassen.* **dīxeram**: *volkstümliche Verwendung des Plqupf. statt des Perf.* **sodālis**: *Freund.* **(30) Gāius Cinna**: *Redner, Dichter, Freund Catulls.* **Cinnast** = Cinna est. **(31) utrum — ān**: *ob — oder.* **illius, mei** *sc.* homines *sint; C. wertet die Endung -ius meist als zwei Kürzen.* **quid ad mē** *sc.* attinet: *was geht das mich an? mir egal.*

Utor tam bene, quam mihi pararim. —
Sed tu insulsa male et molesta vivis,
per quam non licet esse negligentem.'

11 Furi et Aureli, comites Catulli,
sive in extremos penetrabit Indos,
litus ut longe resonante Eoa
   tunditur unda,
5 sive in Hyrcanos Arabasve molles
seu Sagas sagittiferosve Parthos
sive, quae septemgeminus colorat
   aequora Nilus,
sive trans altas gradietur Alpes,
10 Caesaris visens monimenta magni,
Gallicum Rhenum, horribile aequor ulti-
   mosque Britannos,
omnia haec, quaecumque feret voluntas
caelitum, temptare simul parati:
15 Pauca nuntiate meae puellae
non bona dicta:
Cum suis vivat valeatque moechis,
quos simul conplexa tenet trecentos,

---

(32) **quam** h. = quasi ‚als ob'; i. D. steht bei irrealen Vergleichen Konjunktiv II (also der vom Praeteritum abgeleitete). **parārim** = parāverim. (33) **īnsulsus**: ungesalzen, abgeschmackt, geistlos. **molestus**: lästig, zudringlich, kleinlich. **negligēns**: unachtsam.

11 **Versmaß**: sapphische Strophe → M 3.4. (1) **Fūrius, Aurēlius**: Eigennamen. C. verwendet diese Namen in anderen Gedichten in eher negativem Zusammenhang, z. B. 16,2. **comēs**, itis: Begleiter; einer aus dem gleichen Gefolge (vgl. cohors 10,13). (2) **penetrare**: eindringen, gehen zu. **Indi**: Inder, die für römische Vorstellung am Rande der bekannten Welt wohnten. (3) **lītus**, oris, n.: Strand. **ut**: wo. **longē**: weithin. **resonare**: widerhallen. **Eōus** (Adj. zu Eōs f. Morgenröte): östlich, morgenländisch. (4) **tundere**: schlagen. (5) **Hyrcānī**: Hyrkaner (östlich vom Südteil des kaspischen Meeres). **Arabes**, um, grch. Akkusativ -as: Araber (für Römer nicht in Nordafrika, sondern im südwestlichen Asien, d.i. im Mittleren Osten). **mollis**: weich, auch: verweichlicht; Araber galten Römern als Beispiel üppiger, auch effeminierter Lebensweise. **sīve — seu**: entweder — oder; ob — ob ... (6) **Sagae**: Saker, Volk im Perserreich im Hochland Pamir. **sagittifer**: pfeiltragend, Pfeilkämpfer (die Parther waren den Römern als sehr gefährlich bekannt, weil sie in der Lage waren, rückwärts auf Pferden zu sitzen und bei der Flucht auf die nachkommenden Verfolger mit Pfeilen zu schießen. **Parthi**: Parther, an die Hyrkaner anschließendes großes Volk. **Sagās, Parthōs, quae cŏlŏrat Nīlus**: drei Zielangaben zu penetrabit (2), erst in 9 wird ein neues Prädikat gesetzt. (7) **septemgeminus**: siebenfältig (d. i. mit sieben Mündungen oder Armen). **cŏlōrare**: (rötlich, bräunlich) färben; der Nil führt Schlamm mit sich. (8) **quae — aequora** (aequor, oris n. Meer, Flut): i. L. steht das Bezugswort eines Attributsatzes öfters in diesem statt davor. **Nīlus**: Nil. (9) **gradi**: gehen. (10) **vīsere**: betrachten. **monimentum**: Erinnerungsmal, Siegesmal. (11) **Gallicus**: gallisch. **Rhēnus**: Rhein. **horribilis**: schrecklich, schaurig. **aequor**: Nordsee. (12) **Britanni**: Britannier, die wie im Osten die Inder im Norden die Grenze des bekannten Gebietes bildeten. (13) **quaecumque**: was auch immer. **voluntās**: Wille. (14) **caelitēs**, um: Himmelsbewohner, Himmlische. **simul**: zusammen mit ihm (C.). **parātus**: bereit. (16) **dictum**: Wort. (17) **valēre**: gesund sein; als Gruß: **valē**: lebe wohl! unfreundlich: pack dich, hau ab! **moechus**: Ehebrecher, ‚Hausfreund'. (18) **simul**: zur gleichen Zeit, auf einmal. **complecti**, plexus sum: umarmen, in den Arm nehmen. **trecenti**: dreihundert.

         nullum amans vere, sed identidem omnium
    20   ilia rumpens;
         nec meum respectet, ut ante, amorem,
         qui illius culpa cecidit velut prati
         ultimi flos, praetereunte postquam
    24   tactus aratro est.

16 Pedicabo ego vos et irrumabo,
        Aureli pathice et cinaede Furi,
        qui me ex versiculis meis putastis,
        quod sunt molliculi, parum pudicum.
    5   Nam castum esse decet pium poetam
        ipsum, versiculos nihil necesse est;
        qui tunc denique habent salem ac leporem,
        si sunt molliculi ac parum pudici
        et, quod pruriat, incitare possunt,
    10 non dico pueris, sed his pilosis,
        qui duros nequeunt movere lumbos.
        Vos, quod milia multa basiorum
        legistis, male me marem putatis?
        Pedicabo ego vos et irrumabo.

24 O qui flosculus es Iuventiorum,
        non horum modo, sed quot aut fuerunt
        aut posthac aliis erunt in annis,

---

(19) **identidem:** ununterbrochen. (20) **ilia,** īlium *n.:* Unterleib, ‚Lenden' *(als Sitz der ‚Manneskraft').* (21) **respectare:** auf etw. zurückblicken, an etw. denken. **ante** = antea. (22) **illius:** *bei C. meist* —◡ *gewertet, jedoch ist* -us *hier positionslang.* **prātum:** Wiese; *dazu prädikativ* ultimum: da, wo sie die äußerste ist, *daher* p. u.: Wiesensaum, -rand. (23) **flōs,** flōris: Blüte, Blume. (24) **arātrum:** Pflug.

16 **Versmaß:** Hendecasyllabus → M 3.3. (1) **pēdīcāre** *und* **irrumāre** *sind zwei harte Ausdrücke aus der Sexualsphäre und bezeichnen einigermaßen brutal das, was ein Mann aktiv beim sog. Anal- und beim sog. Oralverkehr macht; dt. etwa* hinten einen reinwürgen, oben einen reinwürgen (vos *muß dann i. D. Dat.-Ergänzung werden, i. L. ist es Akk.-Erg.).* (2) **Aurēlius, Fūrius:** *Eigennamen (vgl.* 11,1*).* **pathicus, cinaedus:** *ebenfalls zwei harte Ausdrücke aus der Sexualsphäre, und zwar Bezeichnung homosexueller Akteure; einmal des passiven* (‚Stute'), *einmal des aktiven* (Kinaede, ‚Hengst'); *dem ähneln deutsche Tiermetaphern.* (3) **versiculus:** Verschen. *Die Verkleinerungsform läßt sich verschieden deuten: Untertreibung (vgl.* 1,4 nugae), *erotischer oder lasziver (schlüpfrig-anreizender) Unterton.* **putāstis** = putāvistis. (4) **molliculus:** *erotisch-laszive Verkleinerungsform zu* mollis, *die sich i. D. nicht nachahmen läßt:* weichlich, zärtlich. **parum:** zu wenig, nicht sehr. **pudīcus:** schamhaft, züchtig. (5) **castus:** von reiner Gesinnung, unschuldig, uneigennützig. **decet aliquem:** es steht j-m an, es paßt zu j-m. **pius:** pflichtbewußt, gewissenhaft. (6) **necesse est:** es ist unausweichlich, notwendig, erforderlich. (7) **tunc dēnique:** erst dann. **sal:** Salz, Witz. **lepōs,** oris: Charme, Anmut (9) **prūrīre:** jucken; lüstern, geil sein. **quod prūriat:** Akk.-obj. zu incitare. (10) **nōn dīcō:** ich sage nicht, das heißt nicht. **pilōsus:** behaart, zottig. (11) **nequīre:** nicht können. **lumbi:** Lenden; *gern als Gegend, wo die Genitalien sitzen, erwähnt.* (12) **bāsium:** Kuß. (13) **male mās,** maris: unmännlich *(eigtl.* male: schlecht, mas: Mann als Geschlechtswesen; *Gegensatz* plane vir: der maskuline Mann).

24 **Versmaß:** Hendecasyllabus → M 3.3. (1) **flōsculus:** *(erotische) Verkleinerungsform zu* flōs: Blüte. **Iuventii:** *bekannte römische gens:* Juventier. (2) **non modo:** nicht nur. (3) **posthāc:** später.

　　　　　　mallem divitias Midae dedisses
　　　　　5 isti, cui neque servus est neque arca,
　　　　　　quam sic te sineres ab illo amari.
　　　　　　‚Quid? non es homo bellus?' inquies. Est:
　　　　　　Sed bello huic neque servus est neque arca.
　　　　　　Hoc tu quamlubet abice elevaque:
　　　　　10 Nec servum tamen ille habet neque arcam.

29　　Quis hoc potest videre, quis potest pati,
　　　　　nisi impudicus et vorax et aleo,
　　　　　Mamurram habere, quod Comata Gallia
　　　　　habebat ante et ultima Britannia?
　　　　5 Cinaede Romule, haec videbis et feres?
　　　　　Et ille nunc superbus et superfluens
　　　　　perambulabit omnium cubilia
　　　　　ut albulus columbus aut Adoneus?
　　　　　Cinaede Romule, haec videbis et feres!
　　　　10 Es impudicus et vorax et aleo.
　　　　　　Eone nomine, imperator unice,
　　　　　fuisti in ultima occidentis insula,
　　　　　ut ista vostra diffututa mentula
　　　　　ducenties comesset aut trecenties?
　　　　15 Quid est alid sinistra liberalitas?

---

(4) **mallem dedisses**: ich wollte lieber, du hättest gegeben; *im Umgangslatein drückte man sich ohne A. c. i. nach* malle *aus*. **Midās, ae**: Midas, *sagenhafter, reicher König in Phrygien (Kleinasien)*. (5) **arca**: Geldkasten *(in dem Sklaven ihren Herren das Geld nachtrugen, wenn es zu Geldgeschäften oder Einkäufen ging)*. (6) **sīc**: so, dergestalt, unter solchen Umständen. (7) **bellus**: schön, hübsch. **inquiēs**: wirst du sagen. (9) **quamlubet**: wie (sehr) es beliebt, noch so sehr. **abicere**: wegwerfen, *das Wissen über eine Sache* von sich schieben. **ēlevare**: entkräften, verkleinern.

29 **Versmaß**: iambischer Trimeter → M 3.7. (1) **impudīcus**: schamlos. **vorāx**: gefräßig. **āleō**: Spieler(natur). (3) **Māmurra**: *römischer Ritter, der in Caesars Heer diente und in Gallien so viel Geld scheffelte, daß er sich als erster Römer ein marmorverkleidetes Haus leistete*. **Comata Gallia**: das behaarte Gallien, *d. i. Gallia ulterior, wo man das Haar lang trug*. (4) **Britannia**: Britannien, *wo Caesar wirtschaftlich wenig ertragreiche Feldzüge unternahm, galt als nördliche Grenze des bekannten Gebietes*. (5) **cinaedus**: Kīnaede, *Bezeichnung eines aktiven Homosexuellen, h. als Schimpfwort aus der Sexualsprache verwendet, wofür i. D. Wörter der Fäkalsprache stehen*. **Rōmulus**: *der Stadtgründer, h. durch* cinaede *negativierte Bezeichnung Caesars*: Afterromulus, Arschromulus. *An sich ließ sich ein Politiker gern ‚zweiter Romulus' nennen*. (6) **superfluere**: Überfluß haben, überquellen. (7) **perambulare**: spazieren durch. **cubīle, is** *n.*: Lager, Schlafzimmer. (8) **albulus**: *erotische oder laszive* (→ 16,3) *Verkleinerungsform zu* albus ‚weiß'. **columbus**: Täuberich, *der als Vogel der Liebesgöttin Venus galt*. **Adōneus**: Adonis, *von Aphrodite (Venus) geliebter, aber von einem Eber der keuschen Jagdgöttin Artemis (Diana) getöteter sagenhafter, schöner Jüngling, ursprünglich Gott der sterbenden und wiedererwachenden Natur*. (11) **eō nōmine**: in der Absicht, zu dem Zweck. **ūnicus**: einzig(artig). (12) **occidēns**: Westen. (13) **vostra** *archaische, vollklingende Form statt* vestra. **diffutūtus**: *obzönes Wort;* leergebumst *o. ä.* **mentula**: Glied, ‚Schwanz'. **ducentiēs** (200 mal), **trecentiēs** (300 mal): *sc.* centena milia sestertium (100000 Sesterzen); 1 Sesterz = ca. 0,20 DM. **comedere**: auf(fr)essen. **comēsset** = comederet *(solche Zusammenziehungen sind bei* edere *häufig)*. (15) **alid** = aliud. **sinister**: falsch angebracht. **liberālitās**: Großzügigkeit.

Parum expatravit an parum elluatus est?
Paterna prima lancinata sunt bona;
secunda praeda Pontica; inde tertia
Hibera, quam scit amnis aurifer Tagus;
20 nunc Galliae timetur et Britanniae.
     Quid hunc malum fovetis? Aut quid hic potest
nisi uncta devorare patrimonia?
Eone nomine, urbis o piissimi
socer generque, perdidistis omnia?

30   Alfene immemor atque unanimis false sodalibus,
iam te nil miseret, dure, tui dulcis amiculi?
Iam me prodere, iam non dubitas fallere, perfide?
Nec facta impia fallacum hominum caelicolis placent;
5 quae tu neglegis ac me miserum deseris in malis.
Eheu, quid faciant, dic, homines cuive habeant fidem?
Certe tute iubebas animam tradere, inique, me
inducens in amorem, quasi tuta omnia mi forent.
Idem nunc retrahis te ac tua dicta omnia factaque
10 ventos irrita ferre ac nebulas aerias sinis.

---

(16) **parum**: zu wenig. **expatrare**: durchbringen, verhuren. **ēlluari**: schwelgen, prassen. (17) **paternus**: väterlich. **lancinare**: zerfleischen. (18) **praeda Pontica**: die pontische Beute *(Pompeius hatte 61 v. Chr. gegen Mithridates, den König von Pontus (Gebiet am Schwarzen Meer) Krieg geführt; Pontus wurde dann römische Provinz.* (19) **Hibēra** sc. praeda: die iberische Beute *(Caesar hatte 61 als Propraetor in Hispania ulterior Krieg geführt).* **amnis**: Fluß. **aurifer**: Gold tragend. **Tagus**: spanischer Fluß (Tajo), *der Goldsand mit sich führte.* (20) **Galliae, Britanniae**: Dat. commodi (‚für ...'). (21) **malum**: verdammt! **fovēre**: liebhaben, hätscheln. (22) **ūnctus**: fett. **dēvorare**: verschlingen. **patrimōnium**: Erbgut, Vermögen. (23) **pius**: pflichtbewußt. **socer generque**: Schwiegervater und Schwiegersohn, d. i. Caesar und Pompeius. Caesar hatte ausgiebig Heiratspolitik betrieben und u. a. seine Tochter Iulia Pompeius zur Frau gegeben (59 v. Chr., also nach Begründung des Triumvirats, des Machtkartells mit Pompeius und Crassus, vgl. auch 109 B 1).

30 **Versmaß**: Asclepiadeus maior → M 3.6. (1) **Ālfēnus**: Eigenname; möglicherweise ein Jurist namens Publius Alfenus Varus. **immemor**: ohne Erinnerung, undankbar, pflichtvergessen. **atque** leitet eine nähere Erläuterung des vorangehenden Wortes ein. **ūnanimus**: gleichgesinnt, einmütig. **falsus**: falsch, trügerisch. **sodalis**: Gefährte, guter Freund. (2) **me miseret alicuius**: ich bedaure j-n, ich habe mit j-m Mitleid. **dūrus**: hart(herzig), gefühllos. **dulcis**: süß, liebevoll. **amiculus**: Verkleinerungsform zu amicus; *Verkleinerungsformen sind Kennzeichen der Liebessprache, vgl. z. B.* c. 3. (3) **perfidus**: treulos. (4) **impius**: pflichtvergessen. **fallāx**: trügerisch. **caelicola**: Himmlischer *(Gott).* (5) **quae** *relativischer Anschluß, dt.* ‚das' *(nämlich die Aussage von v. 4.)* **neglegere**: mißachten, nicht beachten. **ac**: *vgl. zu* atque *v.* 1. **miser**: *vgl. zu* 8,1, *miserum bezeichnet hier wohl die Folge des* deserere, *ist also konsekutiv gefärbt.* (6) **ēheu**: weh! **alicūi fidem habēre**: zu j-m Vertrauen haben. (7) **tūte**: *verstärktes* tu. **animam trādere**: die Seele anvertrauen, das Leben in die Hand geben. **inīque**: *Vokativ zu* inīquus: ungerecht, sich unpassend verhaltend *(gern von treulosen Liebhabern gesagt).* (8) **fore** = esse. (9) **īdem**: *auf das in* retrahi-s *enthaltene Subjekt prädikativ bezogen (als derselbe, sc. der mich zur ersten Liebe gebracht hat* =) trotzdem, gerade. **retrahere**: zurückziehen. **dictum**: Wort. (10) **irritus**: ungültig; irrita *ist auf* dicta *und* facta *bezogene Ergänzung zu* ferre *mit konsekutivem Sinn.* **nebula**: Dunst, Wolke. **āërius**: in der Luft befindlich.

Si tu oblitus es, at di meminerunt, meminit Fides,
quae, te ut paeniteat postmodo facti, faciet, tui.

32 Amabo, mea dulcis Ipsitilla,
meae deliciae, mei lepores,
iube ad te veniam meridiatum.
Et si iusseris, illud adiuvato,
5 ne quis liminis obseret tabellam
neu tibi lubeat foras abire;
sed domi maneas paresque nobis
novem continuas fututiones.
Verum, si quid ages, statim iubeto.
10 Nam pransus iaceo et satur supinus
pertundo tunicamque palliumque.

41 Ameana, puella defututa,
tota milia me decem poposcit,
ista turpiculo puella naso,
decoctoris amica Formiani.
5 Propinqui, quibus est puella curae,
amicos medicosque convocate:
Non est sana puella. Nec rogate,
qualis sit: solet esse imaginosa.

---

(11) **di** = dei. **Fidēs**: Fides, *Göttin der (Vertrags-)Treue und der Zuverlässigkeit*. (12) **quae** *ist Subjekt zu* faciet, *davon hängt der* ut-*Satz ab, zu dem alle weiteren Wörter in* v. 12 *gehören*. **me paenitet alicūius rei**: ich bereue etw. **postmodo**: später.

32 **Versmaß**: Hendecasyllabus → M 3.3. (1) **amābo**: ich werde *(dich dafür)* liebhaben, bitteschön. **Ipsitilla**: *weiblicher Eigenname, Verkleinerungsform mit sich anbietendem erotischem Unterton*. (2) **deliciae**: Spielerei, Lust, Liebling. **lepōs**, **ōris**: Charme; *Pl. h. etwa* Wonne, Entzücken. (3) **iubē**: *Imperativ mit folgendem wünschendem Konjunktiv*. **meridiāre**: ein Mittagsschläfchen halten. **meridiātum**: *Zielakkusativ, sog. Supinum I*. (4) **adiuvato**: *Imperativ II, wie er in Gesetzen üblich ist*. **adiuvare** h. beitragen, besorgen. (5) **līmen**, **inis**: Schwelle. **obserare**: verriegeln, mit einem Riegel verschließen. **tabella**: Brettchen *(Türfüllung, die in der Schwelle mit dem Riegel befestigt oder gesichert wurde)*. (6) **lubet**: *archaisch-vollklingende Form für* libet: es beliebt, es fällt ein. **forās** *Akk.-Adv.:* nach draußen, ,aus'. (8) **continuus**: ununterbrochen. **novem**: neun. **futūtio**: *obszönes Wort, eine abgemilderte deutsche Übersetzung wäre* ,Bums(erei)'. (9) **vērum**: aber. **sī quid agēs**: wenn du etwas anfangen, erreichen, zustandebringen willst. **iubēto**: *wieder Gesetzessprache*. (10) **prānsus** *(Partizip)*: nachdem ich gefrühstückt habe, nach dem Frühstück. **satur**: satt. **supīnus**: rücklings, auf dem Rücken liegend. (11) **pertundere**: durchstoßen. **tunica**: Tunika, *das röm. Untergewand*. **pallium**: Mantel.

41 **Versmaß**: Hendecasyllabus → M 3.3. (1) **Ameāna**: *weibl. Eigenname, der unrömisch, sonst nirgends zu finden und an dieser Stelle auch unklar überliefert ist, da in den Handschriften* A ME AN A *steht*. **dēfutūtus**: *obszönes Wort*: total ausgebumst *o. ä.* (2) **mīlia decem**: 10 000 *sc*. Sesterzen (1 Sesterz = 0,20 DM). **pōscere**, popōsci + *doppeltem Akk. der Person und der Sache*: fordern. (3) **iste** *kann verächtlichen Unterton haben*. **turpiculus**: ziemlich häßlich. **nāsus**: Nase. **nāso**: *Abl. qualitatis (der Eigenschaft)*. (4) **dēcoctor**: Bankrotteur, Verschwender *(der pleite gemacht hat, vgl*. 43,3). **Formiānus**: aus Formiae *in Latium; gemeint ist also, wie in* c. 43, *Mamurra*. (5) **propinquus**: Verwandter. **mihī est cūrae** *(Kombination von Dat. commodi und Dat. finalis)*: mir liegt am Herzen, ich sorge mich um. (7) **sānus**: gesund. (8) **imāginōsus** *(aus* imāgo ,Schatten-, Traumbild' *und* -ōsus ,reich' *an; etwa:)* an Wahnvorstellungen leidend.

42 Adeste, hendecasyllabi, quot estis,
omnes undique, quotquot estis, omnes!
Iocum me putat esse moecha turpis
et negat mihi vestra redditura
5 pugillaria, si pati potestis.
Persequamur eam et reflagitemus!
Quae sit, quaeritis? Illa, quam videtis
turpe incedere, mimice ac moleste
ridentem catuli ore Gallicani.
10 Circumsistite eam et reflagitate:
‚Moecha putida, redde codicillos,
redde, putida moecha, codicillos!'

Non assis facis? O lutum, lupanar,
aut si perditius potest quid esse!
15 Sed non est tamen hoc satis putandum.
Quodsi non aliud potest, ruborem
ferreo canis exprimamus ore.
Conclamate iterum altiore voce:
‚Moecha putida, redde codicillos,
20 redde, putida moecha, codicillos!'

Sed nil proficimus, nihil movetur.
Mutanda est ratio modusque nobis,
si quid proficere amplius potestis:
‚Pudica et proba, redde codicillos!'

43 Salve, nec minimo puella naso
nec bello pede nec nigris ocellis
nec longis digitis nec ore sicco
nec sane nimis elegante lingua,

---

42 **Versmaß:** Hendecasyllabus → M 3.3. (1) **adesse:** zu Hilfe kommen, helfen. **hendecasyllabus:** Elfsilbler. (2) **undique:** von überall her. **quotquot:** *verallgemeinert* quot: wie viele auch immer. (3) **iocus:** Spielerei, Witzfigur. **moecha:** Hure. (5) **pugillāria,** ium: Schreibtafel (vestra: eure, *weil die Verse darauf aufgezeichnet sind und ihnen somit die Tafel gebührt*). (6) **reflāgitare:** zurückfordern. (8) **turpe** *(Akk.-Adv.)* **incēdere:** schamlos einherschreiten. **mīmicus:** komödiantenhaft, affektiert. **molestē** *Adv.:* geziert, gekünstelt, gezwungen. (9) **catulus:** Hündchen. **Gallicānus:** gallikanisch *(aus der Provinz Gallia Narbonensis, jenseits der Alpen).* (10) **circumsistere:** umstellen. (11) **pūtidus:** stinkig. **cōdicillus:** Schreibtafel *aus Holz mit einer Wachsschicht* (codex *eigtl.:* Stamm, *der Name spielt also auf das Material an, während* pugillaria *die Handlichkeit* (pugnus: Faust) *bezeichnet*). (13) **assis facere:** für ein As *(5 Pf.)* achten *(vgl.*5,3). **lutum:** Dreck. **lupānar:** Bordell. (14) **perditus:** verkommen. **quid:** etwas. (15) **satis putare:** für genug halten, sich begnügen. (16) **rubor:** Röte, Schamröte. (17) **exprimere:** herauspressen (aus: *Abl.*). (18) **conclāmare:** laut schreien. (21) **prōficere:** vorwärtskommen, erreichen. (22) **ratiō:** Verfahren. (24) **pudīcus:** keusch, sittsam. **probus:** tugendhaft, brav.

43 **Versmaß:** Hendecasyllabus → M 3.3. (1) **minimō ... nāsō:** *Abl. qualitatis (der Eigenschaft); so auch* pede *usw.* **nāsus:** Nase. (2) **bellus:** schön. **niger:** schwarz. **ocellus:** *Verkleinerungsform zu* oculus. (3) **longus:** schlank. **digitus:** Finger. **siccus:** trocken. (4) **sānē:** in der Tat. **ēlegāns:** wählerisch, gewählt.

5 decoctoris amica Formiani.
Ten provincia narrat esse bellam?
Tecum Lesbia nostra comparatur?
O saeclum insapiens et infacetum!

45
Acmen Septimius, suos amores,
tenens in gremio: ‚Mea', inquit, ‚Acme,
ni te perdite amo atque amare porro
omnes sum assidue paratus annos,
5 quantum qui pote plurimum perire,
solus in Libya Indiaque tosta
caesio veniam obvius leoni.'
Hoc ut dixit, Amor, sinistra ut ante,
dextra sternuit approbationem.

10 At Acme leviter caput reflectens
et dulcis pueri ebrios ocellos
illo purpureo ore saviata
‚Sic', inquit, ‚mea vita, Septimille,
huic uni domino usque serviamus,
15 ut multo mihi maior acriorque
ignis mollibus ardet in medullis.'
Hoc ut dixit, Amor, sinistra ut ante,
dextra sternuit approbationem.

Nunc ab auspicio bono profecti
20 mutuis animis amant, amantur.
Unam Septimius misellus Acmen

---

(5) dēcoctor: Verschwender, Bankrotteur *(wer pleite gemacht hat); gemeint ist wohl Mamurra, ein Günstling Caesars, vgl. zu 29,3 und 57,2.* **Formianus**: aus Formiae, *einer Stadt in Latium.* (6) tēn = te-ne (te + *Fragezeichen*). (8) **saeclum**: Jahrhundert. **īnsapiēns**: geschmacklos. **īnfacētus**: witzlos, plump.

45 **Versmaß**: Hendecasyllabus → M 3.3. (1) **Acmē**, Akk. Acmēn: *griechischer weibl. Eigenname, der eigtl.* ‚Höhepunkt, Blüte' *meint; der Name signalisiert Römern, daß es sich nicht um eine römische Bürgerin (diese trugen jeweils den Gentilnamen, z. B. Iulia, Claudia), sondern z. B. um eine Freigelassene handelt.* **Septimius**: *römischer Gentilname (Familienname).* **amōrēs**: *vgl.* 6,16. (2) **gremium**: Schoß. (3) **perditus**: hoffnungslos, maßlos. **porrō**: weiter, ferner. (4) **assiduus**: beharrlich, beständig. **parātus**: bereit. (5) **quantum qui**: so sehr, wie jemand, der = so sehr nur jemand. **pote** = potest. **perīre** *h.*: vor Liebe vergehen. (6) **Libya**: Libyen. **India**: Indien. **tōstus**: *(von der Sonne)* versengt, geröstet. (7) **caesius**: blaugrau, *gemeint:* mit blaugrauen Augen. **obviam venīre**: entgegengehen. (8) **ut**: sowie. **Amor**: *der Liebesgott, wohl als kleiner geflügelter Knabe gedacht.* **sinistrā** *sc.* parte: *von oder auf der linken Seite, von links, entsprechend* **dextrā**. **ut ante**: (wie zu)erst ..., *ergänze* (so)dann *vor* dextra. (9) **sternuere**, sternui: niesen *(als Zeichen der Zustimmung).* **approbātiō**: Zustimmung; approbationem *ist Akk.-Erg. zu* sternuit. (10) **reflectere**: zurückbeugen, -lehnen. (11) **ebrius**: trunken. **ocellus**: *Verkleinerungsform zu* oculus, *Zeichen erotischer Sprache.* (12) **ille** svw. ihr. **pupúreus**: glänzend, purpurrot. **sāviāri**: küssen. (13) **Septimillus**: *Verkleinerungsform, vgl.* 11. (14) **ūsque**: dauernd. **servīre**: dienen. (15) **ut**: da (ja). (16) **ardēre**: brennen. **medulla**, *auch Pl.*: Mark, Innerstes. (19) **auspicium**: Vorzeichen. **proficīscī a**: ausgehen von. (20) **mūtuus**: gegenseitig, wechselseitig. **animus**: *der aktiv denkende Geist, das Empfinden und Verlangen.* (21) **misellus**: *Verkleinerungsform zu* miser, *h. etwa* hingebungsvoll verliebt.

  mavult quam Syrias Britanniasque,
  uno in Septimio fidelis Acme
  facit delicias libidinisque.
25 Quis ullos homines beatiores
  vidit, quis venerem auspicatiorem?

48 Mellitos oculos tuos, Iuventi,
  si quis me sinat usque basiare,
  usque ad milia basiem trecenta,
  nec numquam videar satur futurus,
5 non si densior aridis aristis
  sit nostrae seges osculationis.

49 Disertissime Romuli nepotum,
  quot sunt quotque fuere, Marce Tulli,
  quotque post aliis erunt in annis:
  Gratias tibi maximas Catullus
5 agit, pessimus omnium poeta,
  tanto pessimus omnium poeta,
  quanto tu optimus omnium patronus.

50 Hesterno, Licini, die otiosi
  multum lusimus in meis tabellis,
  ut convenerat esse delicatos.

---

(22) **Syriae Britanniaeque:** *(Länder-wie)* Syrien und Britannien; *Syrien war als lohnende Provinz bekannt (vgl. c. 10), Britannien wurde für ertragreich gehalten, erst Caesars Expedition erwies das Gegenteil.* (23) **fidēlis:** treu. (24) **delicias facere:** Vergnügen gewinnen. **libīdo:** Lust, Gelüste. (26) **venus:** veneris *f.*: Lieb (reiz), Liebe. **auspicātus:** günstig begonnen, glücklich.

48 Versmaß: Hendecasyllabus → M 3.3. (1) **mellītus:** honigsüß. **Iuventius:** Iuventius *(jemand aus der Familie bzw. gens der Juventier, also Angehöriger der Nobilität).* (2) **ūsque:** dauernd. **bāsiare:** küssen. (3) **ad:** bis an. **bāsiem:** *Potentialis.* (4) **satur:** gesättigt. **videar:** *Potentialis.* **futūrus** *sc.* **esse:** *das Part. Futur steht, weil eine Aussage für die Zukunft gemacht wird.* (5) **dēnsus:** dicht. **aridus:** trocken *(trockene Ähren sind ausgereift).* **arista:** Ähre. (6) **seges,** segetis *f:* Saat, Feld. **ōsculātio:** das *(dauernde)* Küssen *(vgl.* basiatio 7,1).

49 Versmaß: Hendecasyllabus → M 3.3. (1) **disertus:** beredt, redegewandt. **Rōmulī nepōtēs:** ‚Enkel des Romulus' *(des Gründers von Rom), pathetische Umschreibung für* ‚Römer'. (2) **fuēre** = fuerunt. **Marcus Tullius:** d. i. Cicero, *der Staatsmann, Redner und Philosoph der ersten Hälfte des 1. Jhs. v. Chr., der sich über Dichtungen von Catulls Art öfters kritisch-abfällig geäußert hat* (→ Einleitung 6). (3) **post:** später. (6) **tanto – quanto:** um so viel – um wieviel. (7) **optimus** *sc.* **es. patrōnus:** Verteidiger *(vor Gericht).*

50 Versmaß: Hendecasyllabus → M 3.3. (1) **hesternus:** gestrig. **C. Licinius Calvus Macer,** *Dichter und Rhetor, gehörte zum Kreis der Neoteriker* (→ Einleitung 6) *und schrieb u. a. Liebesgedichte, ein Kleinepos, ein Trauergedicht auf seine Frau und kämpferische Verse gegen Caesar, Pompeius und andere. C. spricht ihn in c. 14 und 53 ironisch an, schreibt c. 96 als Trost beim Tod seiner Frau.* **ōtiōsus:** ohne öffentliche Aufgaben, *also z. B.* unbekümmert, der Literatur ergeben. (2) **lūdere, lūsī:** spielen *(sowohl bei der Betätigung des Geistes als auch in erotischem Flirt).* **tabella:** Täfelchen, *mit Wachs überzogene hölzerne Schreibtafel, auf der man mit Griffeln schrieb.* (3) **ut + Ind.:** weil. **convenit:** es wird vereinbart, paßt. **dēlicātus:** elegant, *bei der Dichtung* fein(sinnig), *in der Erotik* lustvoll *(bes. homoerotisch auffaßbar).*

Scribens versiculos uterque nostrum
5 ludebat numero modo hoc, modo illoc,
reddens mutua per iocum atque vinum.
Atque illinc abii tuo lepore
incensus, Licini, facetiisque,
ut nec me miserum cibus iuvaret
10 nec somnus tegeret quiete ocellos,
sed toto indomitus furore lecto
versarer cupiens videre lucem,
ut tecum loquerer simulque ut essem.
At defessa labore membra postquam
15 semimortua lectulo iacebant,
hoc, iocunde, tibi poema feci,
ex quo perspiceres meum dolorem.
Nunc audax cave sis, precesque nostras,
oramus, cave despuas, ocelle,
20 ne poenas Nemesis reposcat a te.
Est vemens dea: Laedere hanc caveto!

51 Ille mi par esse deo videtur,
ille, si fas est, superare divos,
qui sedens adversus identidem te
spectat et audit
5 dulce ridentem, misero quod omnis
eripit sensus mihi: nam simul te,
Lesbia, aspexi, nihil est super mi

---

(4) **versiculus**: Verschen, *nämlich entweder fein ausgefeilte oder lasziv-erotische.* **nostrum**: *Gen. partitivus.* (5) **numerus**: *Versmaß.* **illōc**: *Abl. mit dem verstärkt hinweisenden Suffix ('Anhängsel') -c.* (6) **mūtuus**: gegenseitig, wechselseitig. **mūtua reddere**: im Wechsel vortragen. **iocus**: Scherz *(Bedeutungsvielfalt wie bei* ludere*).* (7) **illinc**: von dort, von dir. **lepōs**, ōris: Anmut, Attraktivität *(im Verhalten und in der Art, sich auszudrücken).* (8) **facētia**: Scherz, *Pl.*: witzige Art, witzige Einfälle. (9) **miser**: *vgl. 8,1.* **cibus**: Nahrung, Essen. **iuvare**: erfreuen, behagen. (10) **ocellus**: Verkleinerungsform *zu* oculus, *Kennzeichen erotischer Sprache.* (11) **lectus**: Bett. **toto lecto**: *bei Verbindungen mit* totus *entfällt die Präposition.* **indomitus**: ungezähmt, wild (leidenschaftlich). **furor**: Raserei, Liebesleidenschaft. (12) **versari**: sich hin und her bewegen *oder* wälzen. (13) **simul** *svw.* zusammen. (14) **dēfessus**: erschöpft. **labor**: Anstrengung, Kummer. **membra** *n. Pl.*: Glieder. (15) **sēmimortuus**: halbtot. **lectulus**: Bett, *in der Poesie fehlt öfters eine Präposition.* (16) **iōcundus**: erfreulich, angenehm, anziehend. **poēma**, atis *n.*: Gedicht *(griechisches Wort).* (17) **perspicere**: deutlich sehen, erkennen *(der Konjunktiv im Attributsatz hat finale Bedeutung).* **dolor**: Schmerz, seelischer Kummer. (18) **audāx**: frech, vermessen, rücksichtslos. **cavē** + *Konj.*: hüte dich, zu ... (19) **dēspuere** + *Akk.*: vor etw. ausspucken. **ocellus** *vgl. 10, hier Anrede des Licinius.* (20) **poenās repōscere**: Strafe *(zur Vergeltung)* fordern, Rache nehmen. **Nemesis**: Nemesis, *Göttin der Gerechtigkeit, die Vermessenheit und Frevel straft, besonders eine spröd abweisende Haltung gegenüber liebenden Menschen.* (21) **vēmēns** = vehemēns heftig, gewaltig. **cavētō**: *Imperativ II, wie in Gesetzen, die für alle Zukunft gelten.*

51 **Versmaß**: sapphische Strophe → 3.4. (2) **sī fās est**: wenn es *(von den Göttern)* erlaubt ist, *vgl. 5 B 4; die Götter können auf zu viel Glück eines Menschen neidisch sein.* (3) **adversus** + *Akk.*: gegenüber. **identidem**: ohne Unterlaß. (5) **dulce rīdēre**: süß lachen. **omnīs**: *Akk. Pl.* (6) **simul**: sobald. (7) **superesse**: übrigsein, noch vorhanden sein.

.................,
lingua sed torpet, tenuis sub artus
10 flamma demanat, sonitu suopte
tintinant aures, gemina teguntur
lumina nocte. —
Otium, Catulle, tibi molestum est:
otio exultas nimiumque gestis;
15 otium et reges prius et beatas
perdidit urbes.

52 Quid est, Catulle? Quid moraris emori?
Sella in curuli struma Nonius sedet,
per consulatum peierat Vatinius:
Quid est, Catulle? Quid moraris emori?

54 Otonis caput oppido est pusillum,
Hirri rustica semilauta crura,
subtile et leve peditum Libonis.
Si non omnia displicere vellem
5 tibi et Sufficio, seni recocto:
Irascere iterum meis iambis
immerentibus, unice imperator.

---

(8) **Vers 8** *ist nicht mit Text aus-*
gefüllt, sondern eine Pause. (9) **torpēre**: ohne Empfindung, gefühllos, starr sein. **artūs**, uum: Gelenke. **tenuis**: zart, *h. prädikativ:* sub tenuĭs artus: *bis tief in die Gelenke, wo sie zart sind = bis tief ins Mark.* (10) **dēmānare**: herabfließen. **sonitus**, us: Schall, Klang. **suŏpte**: *das Suffix („Anhängsel") -pte verstärkt das reflexive Pronomen und hebt hervor, daß etwas gemeint ist, was gerade dem Subjekt eigen ist.* (11) **tintināre**: klingeln, klingen. **geminus**: doppelt (geminā *Abl.!*). (12) **lūmen**, inis *n.:* (Augen)Licht. (13) **ōtium**: Nichtstun, Muße, Freizeit. (14) **ex(s)ultare**: übermütig sein, jauchzen. **gestire**: ausgelassen sein, sich ausgelassen freuen. (15) **beātus**: beglückt, wohlhabend.
52 **Versmaß**: iambischer Trimeter (archilochische Form) → M 3.7. (1) **morāri**: zögern. **ēmori**: in den Tod gehen. (2) **sella curūlis**: Sella curulis, *zusammenklappbarer Amtssessel hoher römischer Beamter.* **strūma**: *durch Lymphdrüsenschwellung entstandener* Dickhals. **Nonius**: *Name eines nicht genau identifizierbaren römischen Adligen, wahrscheinlich eines Günstlings Caesars, der durch Einfluß Caesars einen Machtposten erlangt hatte.* (3) **pēierare per**: falsch schwören bei. **Vatinius**: *korrupter römischer Adliger, durch Machenschaften des Triumvirats (eines von Caesar, Pompeius und Crassus im Jahre 60 begründeten Machtkartells) in den fünfziger Jahren des 1. Jhs. zu immer höheren Ämtern gelangt.*
54 **Versmaß**: Hendecasyllabus → M 3.3. (1) **Ōtō**: *Eigenname eines uns nicht näher bekannten Mannes.* **caput**: Kopf, *auch Umschreibung für die Spitze des Penis.* **oppidō** *Adv.:* gewaltig, ganz. **pusillus**: sehr winzig. (2) **Hirrus**: *so stand vielleicht im (schlecht überlieferten) Text, dann kann C. Lucilius Hirrus, ein Günstling Caesars gemeint sein.* **rūsticus**: bäurisch. **sēmilautus**: halbgewaschen. **sēmilauta** *sc.* sunt. **crūs**, crūris, *n.:* Unterschenkel. (3) **subtīlis**: fein, zart. **subtīle** *sc.* est. **pēditum**: Furz. **Libō**, ōnis: *L. Scribonius Libo, ein Freund des Pompeius.* (4) **omnia** *adverbialer Akk.:* in allem. **displicēre**: mißfallen. (5) **Sufficius**: *Name eines uns unbekannten Mannes.* **recoctus**: wiederaufgekocht *(vielleicht Anspielung auf die angebliche Verjüngungsmethode der zauberischen Medea: ein zerstückelter Leib wird in einer Zauberflüssigkeit gekocht und verjüngt), d. h. Sufficius hat sich mit allerlei kosmetischen Tricks verjüngt, ist aber immer noch senex.* (6) **irāscĕre** = **irāscĕris** *von* **irāsci**: zürnen. **iambus**: Jambus *(d. i. das iambische Versmaß oder ein in diesem oder einem anderen Versmaß geschriebenes Spottgedicht).* (7) **immerēns**: *wer etw. nicht verdient hat, also* untadelig *oder* unschuldig *ist.* **ūnicus**: einzig(artig).

57 Pulcre convenit improbis cinaedis,
Mamurrae pathicoque Caesarique.
Nec mirum: Maculae pares utrisque,
urbana altera et illa Formiana,
5 impressae resident nec eluentur:
Morbosi pariter, gemelli utrique,
uno in lectulo | erudituli ambo,
non hic quam ille magis vorax adulter,
rivales socii et puellularum:
10 Pulcre convenit improbis cinaedis.

58 Caeli, Lesbia nostra, Lesbia illa,
illa Lesbia, quam Catullus unam
plus quam se atque suos amavit omnes:
nunc in quadriviis et angiportis
5 glubit magnanimos Remi nepotes.

---

57 **Versmaß:** Hendecasyllabus → M 3.3. (1) **pulcer** = pulcher. **convenit** alicui et alicui: es besteht Einigkeit zwischen jd. und jd. = sie passen zusammen. **improbus:** schamlos. **cinaedus:** Kinaede *(grch. Wort für den homosexuellen Mann, der beim Geschlechtsverkehr aktiv ist).* (2) **Māmurra:** *römischer Ritter, der im Heer Caesars diente und in Gallien so viel Geld scheffelte, daß er sich als erster Römer eine Marmorverkleidung seines Hauses leistete.* **pathicus:** grch. Wort, das den beim Geschlechtsverkehr passiven homosexuellen Mann umschreibt. Heute verwendet man z. B. *Tiermetaphern:* Hengst, Stute. **pathicoque:** *die Stellung des Worts macht es zum Attribut sowohl zu Mamurrae als auch zu Caesari, beide werden also erst als* cinaedi, *dann als* pathici *bezeichnet.* (3) **macula:** Schandfleck, Makel. **parīs:** *Nom. Pl.* **uterque:** jeder von beiden, *Pl.:* alle beide. (4) **urbānus:** *Adj. zu* urbs (Stadt, Rom). **Formiānus:** *Adj. zu* Formiae, *Stadt in Latium, Heimat des Mamurra.* **altera et illa** *(sc.* macula): der eine und der andere *(Caesar hatte vor seiner Tätigkeit als Prokonsul in Gallien, also vor 58 v. Chr., stets große Schulden wegen enormer Aufwendungen z. B. für Spiele und Bauten zur Beeindruckung des Volkes, Mamurra hatte möglicherweise in Formiae Bankrott gemacht; sicher ist es aber nicht).* (5) **imprimere,** pressi, pressum: eindrücken, aufdrücken. **residēre:** sitzen, zurückbleiben. **ēluere:** auswaschen, tilgen. (6) **morbōsus:** *aus* morbus Krankheit *(auch moralische) und* -osus reich an. **pariter:** gleichermaßen. **gemellus:** Zwilling. (7) **lecticulus:** Bett. **ērudītulus:** *von C. gebildete 'erotische' Verkleinerungsform zu* eruditus aufgeklärt, unterrichtet. **lectulo/erudituli:** Hiat (→ M 2.11). (8) **vorāx:** gerne schluckend, gefräßig. **adulter,** eri: Ehebrecher, Liebhaber. (9) **rīvālis:** *(wer auf den gleichen Wasserkanal,* rivus, *Anspruch hat)* Nebenbuhler. **socius:** verbündet, kameradschaftlich. **puellula:** Verkleinerungsform. **et:** *entweder* 'auch' *(zu* puellularum) *oder* 'und' *(vor* socii *zu denken).*

58 **Versmaß:** Hendecasyllabus → M 3.3. (1) **Caelius:** *wer dieser Mann ist, wissen wir nicht genau; vielleicht Caelius Rufus, der ebenfalls in die römische Lebedame Clodia verliebt war, die möglicherweise hinter dem Namen Lesbia steckt — dazu würde passen, daß C. von* nostra Lesbia *spricht und in c. 77 ihn anklagt, in c. 69 verspottet; oder ein Freund, an den er sich vertrauensvoll wenden kann, z. B. der c. 100 genannte Caelius aus Verona.* (4) **quadrivium:** Straßenkreuzung. **angiportum:** Seitenstraße, -gasse. (5) **glūbere:** abschälen *(z. B. Äste von der Rinde, h. übertragen auf das erregte männliche Glied).* **magnanimus:** selbstlos denkend *(d. h. sachbezogen und nicht egoistisch).* **nepōs,** ōtis: 1. Enkel *(was h. die primäre Bedeutung sein muß);* 2. Verschwender. **Remus:** *Bruder des Romulus und mit ihm Gründer Roms;* **Remi nepotes** *umschreibt also die Römer.*

60 Num te leaena montibus Libystinis
aut Scylla latrans infima inguinum parte
tam mente dura procreavit ac taetra,
ut supplicis vocem in novissimo casu
5 contemptam haberes, a, nimis fero corde?

61 Collis o Heliconii
cultor, Uraniae genus,
qui rapis teneram ad virum
virginem, o Hymenaee Hymen,
5   o Hymen Hymenaee,

cinge tempora floribus
suave olentis amaraci,
flammeum cape, laetus huc
huc veni niveo gerens
10   luteum pede soccum,

excitusque hilari die
nuptialia concinens
voce carmina tinnula
pelle humum pedibus, manu
15   pineam quate taedam!

Namque Vinia Manlio,
qualis Idalium colens
venit ad Phrygium Venus
iudicem, bona cum bona
20   nubet alite virgo,

floridis velut enitens
myrtus Asia ramulis,
quos Hamadryades deae
ludicrum sibi roscido
25   nutriunt humore.

Quare age huc aditum ferens
perge linquere Tespiae

O des Helikonhügels
Bewohner, der Urania Sohn,
der du wegreißt das zarte zum Mann hin,
das Mädchen, o Hymenaeus Hymen,
   o Hymen Hymenaeus.

Kränze die Schläfen mit Blüten
des süß duftenden Majorans,
den (feuerroten) Brautschleier nimm, freudevoll hierher,
hierher komm, am schneeweißen Fuß tragend
die rosenrote Sandale.

Und erregt vom fröhlichen Tag
stimm an Hochzeits-
lieder mit helltönender Stimme,
stampfe den Boden mit den Füßen, mit der Hand
schwing die fichtene Fackel.

Vinia wird ja Manlius,
so wie die Idalium bewohnende
Venus kam zum Phrygischen
Richter, als so schönes Mädchen mit schönem
(Vogel)Zeichen heiraten

erstrahlend wie die asiatische
Myrte an Blütenzweigen,
die Hamadryadengöttinnen
als Spiel für sich mit tauiger
Feuchtigkeit nähren.

Daher auf, hierher den Schritt lenkend
schicke dich an, zu verlassen des Tespischen

---

60 Versmaß: Hinkiambus → M 3.8. **(1) leaena:** Löwin. **Libystīnus:** libysch *(in Libyen gab es in der Antike Löwen).* **(2) Scylla:** *nach dem in Ovids Metamorphosen (14,52ff.) erzählten Mythos ein Mädchen, das von der Zauberin Circe aus Eifersucht in ein Ungeheuer verwandelt wurde, an dessen Unterleib Hunde hervorwuchsen).* **lātrāre:** bellen. **infimus:** unterster. **inguen,** inguinis *n.:* Unterleib, Weichen. **(3) mēns,** mentis *f.:* Gemütsempfindung, Sinnesart. **prōcreāre:** hervorbringen, zeugen. **taeter,** tra, trum: häßlich, abscheulich. **(4) supplex,** plicis: demütig, bittend, flehend. **novissimus casus** *svw.:* höchste Not. **(5) contemptum** (contemnere verachten) **habēre** *svw.:* dauernd *oder* konstant verachten. **ferus:** ungezähmt, grausam, rücksichtslos.

61 Versmaß: glykoneische Strophe (→ M 3.5). *Das Hochzeitslied begleitet die einzelnen Stationen der Hochzeitsvorbereitung und -ausführung:* 1—75: *Anrufung des Hochzeitsgottes Hymnenaeus.* — 76—120: *Gesang vor dem Haus der Braut, die nun ins Haus des Bräutigams überführt werden soll.* — 121—190: *Der Gang der Braut zum Haus des Bräutigams, dabei werden im Lied angeredet: pueri an der Spitze des Zuges, Schlafgesell des Bräutigams, Braut, Brautführer, alte Frauen, die die Braut zum Ehebett geleiten.* — 191—235: *Sogenanntes Epithalamium, vor der Brautkammer (thalamus) gesungenes Lied, das sich nur noch an die Brautleute wendet und vom Vollzug der Ehe und ihrer Zukunft handelt.*
(1) Helicon: *griechischer Berg, traditionell als Wohnsitz der Musen geltend.* **(2) Urania:** *eine Muse.* **(4) Hymen, Hymenaeus:** *Namen des Hochzeitsgottes.* **(17) Idalius:** *Gebirge und Stadt auf Zypern, dem Geburtsort der Aphrodite. Die Verse spielen auf das Parisurteil an: Hera, Athene und Aphrodite streiten darum, wer die schönste ist, und stellen sich dem Urteil des trojanischen Königssohnes Paris, der sich für Aphrodite entscheidet, nachdem sie ihm die schöne Helena als Braut versprochen hat.* **(23) Hamadryaden:** *Baumnymphen.* **(27) Thespiae:** *böotische Stadt, am Fuß des Helikon.* **Aonius:** *aonisch, alter Name für ‚böotisch'.*

rupis Aonios specus,	Felsens Aonische Grotten
nympha quos super irrigat	die mit Wasser von oben feucht macht
30 frigerans Aganippe,	kühlend Aganippe,
ac domum dominam voca	Und ins Haus rufe die Herrin,
coniugis cupidam novi,	die nach dem neuen Gemahl begehrt,
mentem amore revinciens,	indem du ihr Gemüt so mit Liebe umflechtest,
ut tenax hedera huc et huc	wie zäher Efeu hierhin und dorthin
35 arborem implicat errans.	umherschweifend den Baum umrankt.
Vosque item simul, integrae	Und ebenso ihr zugleich, unberührte
virgines, quibus advenit	Mädchen, denen herannaht
par dies, agite in modum	ein gleicher Tag, stimmt ein in die Weise,
dicite ,O Hymenaee Hymen,	singt: O Hymenaee Hymen,
40 o Hymen Hymenaee',	o Hymen Hymenaee,
ut lubentius, audiens	damit er (umso) lieber — hört er,
se citarier ad suum	daß er herbeigerufen wird zu seiner
munus, huc aditum ferat	Aufgabe — hierher den Schritt lenkt,
dux bonae Veneris, boni	der Vorbote schöner Venus, schöner
45 coniugator amoris.	Liebe Verknüpfer.
Quis deus magis est ama-	Welcher Gott ist mehr
tis petendus amantibus?	liebenden Geliebten ersehnenswert.
Quem colent homines magis	Wen werden die Menschen mehr ehren
caelitum? O Hymenaee Hymen,	unter den Himmlischen? O Hymenaee Hymen,
50 o Hymen Hymenaee.	o Hymen Hymenaee.
Te suis tremulus parens	Dich ruft für die Seinen zitternd der Vater
invocat, tibi virgines	an, dir lösen Mädchen
zonula solvunt sinus,	die Bänder ihres Busens,
te timens cupida novos	nach dir jagt bangend mit
55 captat aure maritus.	begierigem Ohr der neue Ehemann.
Tu fero iuveni in manus	Du gibst hin dem wilden Jüngling in die Hände
floridam ipse puellulam	das blühende Mädchen, ja du,
dedis a gremio suae	weg vom Schoß seiner
matris, o Hymenaee Hymen,	Mutter, o Hymenaee Hymen,
60 o Hymen Hymenaee.	o Hymen Hymenaee.
Nil potest sine te Venus,	Ohne dich kann Venus nichts,
fama quod bona comprobet,	was ein schöner Ruf gutheißen könnte,
commodi capere: At potest	an Vorteil erlangen: Aber sie kann's,
te volente. Quis huic deo	wenn du willst. Wer könnte es wagen,
65 compararier ausit?	sich diesem Gott zu vergleichen?
Nulla quit sine te domus	Kein Haus kann ohne dich
liberos dare, nec parens	Kinder hervorbringen, kein Vater
stirpe nitier: At potest	sich auf Nachkommenschaft stützen: Aber er kann es,
te volente. Quis huic deo	wenn du willst. Wer könnte es wagen,
70 compararier ausit?	sich diesem Gott zu vergleichen?
Quae tuis careat sacris,	Das deine Weihen nicht hätte,
non queat dare praesides	ein solches Land könnte nicht Beschützer
terra finibus: At queat	seinen Grenzen geben: Aber es könnte es,
te volente. Quis huic deo	wenn du willst. Wer könnte es wagen,
75 compararier ausit?	sich diesem Gott zu vergleichen?
Claustra pandite ianuae!	Öffnet die Riegel der Tür!
Virgo, ades! Viden, ut faces	Braut, erscheine! Siehst du, wie die Hochzeitsfackeln
78 splendidas quatiunt comas?	ihre leuchtenden Haare bewegen?
. . . .	. . . .
80 /	. . . .
. . . .	. . . .
. . . .	. . . .
83 Tardet ingenuus pudor:	Es könnte sie zögern lassen angeborene Scham.

*(79) **Hier und an einigen weiteren Stellen sind einige Verse nicht erhalten.***

Quem tamen magis audiens 85 flet, quod ire necesse est.	Doch als sie ihn deutlicher hört, weint sie, weil nun Scheiden notwendig ist.
Flere desine! Non tibi, Au- runculeia, periculum est, ne qua femina pulcrior clarum ab Oceano diem 90 viderit venientem.	Hör auf zu weinen! Keine Gefahr, Aurunculeia, besteht für dich, daß eine schönere Frau den leuchtenden Tag vom Ozean her kommen sah.
Talis in vario solet divitis domini hortulo stare flos hyacinthinus. Sed moraris, abit dies: 95 Prodeas, nova nupta.	So pflegt im bunten Gärtchen des reichen Herrn zu stehen die Hyazinthenblüte. Aber du säumst, es vergeht der Tag. Komm hervor, Neuvermählte.
Prodeas, nova nupta, si iam videtur, et audias nostra verba. Vide, ut faces aureas quatiunt comas: 100 Prodeas, nova nupta.	Komm hervor, Neuvermählte, wenn's dir nun recht scheint, und höre unsere Worte. Sieh, wie die Hochzeitsfackeln die goldenen Haare bewegen: Komm hervor, Neuvermählte.
Non tuus levis in mala deditus vir adultera probra turpia persequens a tuis teneris volet 105 secubare papillis,	Nicht wird dein Mann, leichtfertig einer bösen Ehebrecherin hingegeben, schimpflichem Ehebruch nachgehend, von deinen zarten Brüsten getrennt schlafen wollen,
lenta sed velut adsitas vitis implicat arbores, implicabitur in tuum complexum. Sed abit dies: 110 Prodeas, nova nupta.	vielmehr, wie die biegsame Rebe sich schmiegt um die daneben gepflanzten Bäume, so wird er sich schmiegen in deine Umarmung. Aber es vergeht der Tag: Komm hervor, Neuvermählte.
O cubile, quod omnibus . . . . 115 candido pede lecti,	O Lager, das allen . . . . am strahlend weißen Fuß des Bettes.
quae tuo veniunt ero, quanta gaudia, quae vaga nocte, quae medio die gaudeat! Sed abit dies: 120 Prodeas, nova nupta.	Welche Freuden, wie große, kommen zu deinem Herrn, über die er in flüchtiger Nacht, über die er mitten am Tag sich freuen soll! Aber es vergeht der Tag: Komm hervor, Neuvermählte!
Tollite, o pueri, faces: Flammeum video venire. Ite, concinite in modum ‚io Hymen Hymenae io, 125 io Hymen Hymenae'.	Hebt hoch, ihr Knaben, die Fackeln: den Brautschleier sehe ich kommen. Auf, tönt zusammen in die Weise ‚Io, Hymen, Hymenaee io, io Hymen, Hymenaee'!
Ne diu taceat procax fescennina iocatio, nec nuces pueris neget desertum domini audiens 130 concubinus amorem.	Nicht lange schweige der freche fescenninische Spott, und nicht soll die Nüsse den (Straßen)Jungen verweigern des Herren Schlafgeselle, wenn er hört, daß die Liebe zuende!
Da nuces pueris, iners concubine! Satis diu lusisti nucibus: Lubet iam servire Talasio. 135 Concubine, nuces da!	Gib die Nüsse den Jungen, träger Schlafgeselle! Lang genug hast du mit Nüssen gespielt. Es gefällt nun (dem Herrn), dem Heiratsgott zu dienen. Schlafgeselle, die Nüsse gib!

---

(106) **vitis**: *In Italien pflanzt man Reben zwischen Bäume, so daß sie zwischen diesen ranken und an ihnen Halt finden können.* (127) **Fescennina iocatio**: *die Sitte, derbe Spottverse mit oft eindeutigen Anspielungen bei Festen zu singen, soll aus der etruskischen Stadt Fescennia stammen.* (131) **nuces**: *Nüsse sind auch Spielzeug.*

	Sordebant tibi vilicae,	Abscheulich waren dir die Dienstmädchen,
	concubine, hodie atque heri:	Schlafgeselle, heute und gestern.
	Nunc tuum cinerarius	Jetzt wird dein Gesicht der
	tondet os. Miser, a, miser	Eisenglüher scheren. Armer, ach, armer
140	concubine, nuces da!	Schlafgesell, die Nüsse gib!
	Diceris male te a tuis	Es heißt, ungern läßt du von deinen
	unguentate glabris marite	glatten Knaben, von Salben duftender
	abstinere: Sed abstine!	Bräutigam: aber laß ab davon!
	Io Hymen Hymenaee io,	Io Hymen, Hymenaee io.
145	io Hymen Hymenaee.	Io Hymen, Hymenaee!
	Scimus haec tibi, quae licent,	Wir wissen, daß dir nur, was erlaubt,
	sola cognita: Sed marito	bekannt ist: aber dem Ehemann
	ista non eadem licent.	ist nicht eben das gleiche erlaubt.
	Io Hymen Hymenaee io,	Io Hymen, Hymenaee, io,
150	io Hymen Hymenaee.	io Hymen, Hymenaee!
	Nupta, tu quoque, quae tuus	Braut, auch du: was dein
	vir petet, cave, ne neges,	Mann haben will: hüte dich, es abzuschlagen.
	ni petitum aliunde eat.	Sonst geht er, es anderswoher zu bekommen.
	Io Hymen Hymenaee io,	Io Hymen, Hymenaee io,
155	io Hymen Hymenaee.	io Hymen, Hymenaee!
	En tibi domus ut potens	Sieh, wie dir mächtig das Haus
	et beata viri tui:	und reichgesegnet deines Mannes steht:
	Quae tibi, sine, serviat	daß es dir immer dienstbar sei, laß zu!
	(io Hymen Hymenaee io,	Io Hymen, Hymenaee io,
160	io Hymen Hymaee),	io Hymen, Hymenaee!
	usque dum tremulum movens	So lange, bis weißhaarige Greisenhaftigkeit,
	cana tempus anilitas	eine zitternde Schläfe bewegend,
	omnia omnibus adnuit.	alles allen zunickt.
	Io Hymen Hymenaee io,	Io Hymen, Hymenae io,
165	io Hymen Hymenaee.	io Hymen, Hymnenaee!
	Transfer omine cum bono	Bringe nun mit gutem Vorzeichen
	limen aureolos pedes,	über die Schwelle deine goldenen Füßchen
	rassilemque subi forem!	und tritt in die wohlgeglättete Tür!
	Io Hymen Hymenaee io,	Io Hymen, Hymneaee io,
170	io Hymen Hymenaee.	io Hymen, Hymenaee!
	Adspice, intus ut accubans	Schau, wie der eine, dein Mann,
	vir tuus Tyrio in toro	sich lehnt an das tyrische Polsterbett
	totus immineat tibi!	und ganz deiner harrt.
	Io Hymen Hymenaee io,	Io Hymen, Hymenaee io,
175	io Hymen Hymenaee.	io Hymen, Hymenaee!
	Illi non minus ac tibi	Ihm nicht weniger als dir
	pectore uritur intimo	brennt tief im Herzen
	flamma, sed penite magis.	die Flamme, aber weiter aus dem Inneren heraus.
	Io Hymen Hymenaee io,	Io Hymen, Hymenaee io,
180	io Hymen Hymenaee.	io Hymen, Hymenaee!
	Mitte bracchiolum teres,	Laß los das glatte Ärmchen
	praetextate, puellulae:	des Mädchens, Brautführer:
	Iam cubile adeat viri.	Nun soll sie zum Lager des Mannes gehen!
	Io Hymen Hymenaee io,	Io Hymen, Hymenaee io,
185	io Hymen Hymenaee.	io Hymen, Hymenaee!
	Vos bonae senibus viris	Ihr, gute Frauen, alten
	cognitae bene feminae,	Männern wohl vertraut,
	collocate puellulam!	legt das Mädchen hin!
	Io Hymen Hymenaee io,	Io Hymen, Hymenaee io,
190	io Hymen Hymenaee.	io Hymen, Hymenaee!

(138) **cinerarius**: *er erhitzt die Eisen, mit denen Barthaare abgebrannt werden; der* concubinus *wird jetzt also älter und hat seinen ersten Bartwuchs.* (144) **ió**: *Ausruf.* (172) **Tyrius**: *aus Tyros, wo man Purpurfarbe herstellte; das Hochzeitsbett hat eine rote Decke.*

Iam licet venias, marite:
Uxor in thalamo tibi est
ore floridulo nitens
alba parthenice velut
195   luteumve papaver.
At, marite, (ita me iuvent
caelites!) nihilo minus
pulcer es, neque te Venus
neglegit. Sed abit dies:
200   Perge, ne remorare!
Non diu remoratus es.
Iam venis. Bona te Venus
iuverit, quoniam palam,
quod cupis, cupis et bonum
205   non abscondis amorem.
Ille pulveris Africi
siderumque micantium
subducat numerum prius,
qui vestri numerare volt
210   multa milia ludi.
Ludite, ut lubet, et brevi
liberos date! Non decet
tam vetus sine liberis
nomen esse, sed indidem
215   semper ingenerari.
Torquatus volo parvulus
matris e gremio suae
porrigens teneras manus
dulce rideat ad patrem
220   semihiante labello.
Sit suo similis patri
Manlio et facile insciis
noscitetur ab omnibus
et pudicitiam suae
225   matris indicet ore.
Talis illius a bona
matre laus genus approbet,
qualis unica ab optima
matre Telemacho manet
230   fama Penelopeo.
Claudite ostia, virgines:
Lusimus satis. At, boni
coniuges, bene vivite et
munere assiduo valentem
235   exercete iuventam!

Nun darfst du kommen, Ehemann:
die Ehefrau liegt dir im Brautgemach,
mit Blumengesichtchen glänzend
wie schneeige Kamille
   oder rötlicher Mohn.
Aber, Ehemann — so wahr mir beistehn
die Himmlischen! — kein bißchen weniger
schön bist du, und nicht vernachlässigt dich
Venus. Aber es vergeht der Tag:
   Beginne, zögere nicht!
Nicht lange hast du gesäumt.
Schon kommst du zu ihr. Die gütige Venus möge dir
helfen, da du ja offen,
was du begehrst, begehrst und gute
   Liebe nicht verbirgst.
Der könnte eher afrikanischen Sandes
und der schimmernden Sterne
Zahl zusammenzählen,
der zählen will die vielen
   tausend Dinge in eurem Spiel.
Spielt, wie's beliebt, und bringt bald
Kinder auf die Welt! Nicht paßt es,
daß so alter Name ohne
Kinder ist, nein, aus sich selbst heraus
   soll er immer sich erneuern.
Ich will, daß ein ganz kleiner Torquatus
aus dem Schoße seiner Mutter
die zarten Hände ausstreckt
und süß zum Vater lacht
   mit halb sich öffnenden Lippen.
Ähnlich sei er seinem Vater
Manlius, und leicht werde er von allen,
die ihn nicht vorher gesehen, erkannt,
und die Züchtigkeit seiner Mutter lasse
   er in seinem Gesicht erkennen.
Von seiner besten Mutter her soll
solcher Ruhm den Stamm ehren,
wie von der besten Mutter
einzigartiger Ruhm bleibt dem
   Penelopesohn Telemach.
Schließt die Türen, Mädchen:
Wir haben genügend gespielt. Doch ihr, gute
Gatten, lebt gut und
übt eure Jugend in beständigem Tun,
   die darin kräftig ist.

---

(216) **Torquatus:** *Cognomen des* L. Manlius, *des Bräutigams.* (230) **Penelope** *war die Frau des Odysseus, die jahrelang auf seine Rückkehr aus dem trojanischen Krieg wartete und sich währenddessen allen Anstürmen begieriger Freier erfolgreich widersetzte.*

64

86 Hunc simulac cupido conspexit lumine virgo
regia, quam suavis expirans castus odores
lectulus in molli complexu matris alebat,
quales Eurotae progignunt flumina myrtos
90 aurave distinctos educit verna colores,
non prius ex illo flagrantia declinavit
lumina, quam cuncto concepit corpore flammam
funditus atque imis exarsit tota medullis.
Heu misere exagitans immiti corde furores,
95 sancte puer, curis hominum qui gaudia misces,
quaeque regis Golgos quaeque Idalium frondosum,
qualibus incensam iactastis mente puellam
fluctibus in flavo saepe hospite suspirantem!
Quantos illa tulit languenti corde timores!

---

64 **Versmaß:** daktylischer Hexameter (→ M 3.1). *C. 64 ist ein Kleinepos (sog. Epyllion) von 408 Versen. Es schildert die Hochzeit von Pēleus, eines nach Phthia in Thessalien geflohenen Königs, mit der Meeresgöttin Thétis. Thetis war von Zeus, dem obersten Gott, zu dieser Hochzeit gezwungen worden, weil sie nach einem Schicksalsspruch einen Sohn gebären sollte, der mächtiger als Zeus ist, ihr aber als Frau eines Sterblichen dies unmöglich gemacht wurde. Die Ehe mit Peleus war also mit ständigen Spannungen verbunden; es ging aber aus ihr der Held Achill hervor. — In die Schilderung der Hochzeit legt Catull nach gelehrter Dichtungsweise Einlagen ein, die in vielfältigem Bezug zur Haupthandlung stehen. Eine Einlage schildert, wie die Hochzeitsgäste einen Teppich betrachten, auf dem die Geschichte der Ariadne in Bildern dargestellt ist (vv. 50–264). Die Schilderung der Ariadnegeschichte wird zu einer selbständigen Darstellung: Ariadne, die Tochter des kretischen Königs Minos, verliebt sich in den athenischen Königssohn Theseus, als dieser nach Kreta kommt, um den jährlichen Menschentribut an Minos für das sagenhafte Ungeheuer Minotauros (einem Mischwesen von Mensch und Stier, Sohn des Minos, Bruder der Ariadne) abzuliefern. Ariadne hilft Theseus, Minotauros zu besiegen, und flieht mit ihm. Die vv. 86–102 schildern, wie sie sich in Theseus sofort bei seiner Ankunft verliebt.* (86) **hunc** *meint den vorher genannten Theseus.* **simulac:** sowie, sobald. **cupidus:** begehrlich. **lūmen,** inis *n.:* Auge. (87) **rēgius:** königlich. **ex(s)pīrare:** ausatmen, verströmen lassen. **suāvīs:** *Akk. Pl.* **cāstus:** keusch, rein. **odor:** Duft *(vgl. 6,8; 13,11).* (88) **lēctulus:** Bett *(Verkleinerungsform mit erotischem Charakter).* **complexus,** us: Umarmung. **alēbat:** zog auf *(Imperfekt zur Bezeichnung eines bis dahin andauernden Zustandes, i. D. würde man eher Plqupf. erwarten).* (89) **myrtus, ūs** *f.:* Myrte *(ein Venus heiliger Baum).* **quālēs myrtūs:** *freier Anschluß eines Vergleichs mit dem Aufwachsen der Ariadne:* ,als wie beschaffene (die Fluten) Myrten ...' = so, wie die Fluten die Myrten, *oder:* so lassen die Fluten die Myrten ... **Eurōtās,** ae: Eurotas, *durch Sparta fließender Fluß.* **prōgīgnere:** hervorbringen, erzeugen. (90) **-ve:** oder. **aura:** Luft(hauch). **dīstīnctus:** unterschieden *(d. i. sich klar absetzend, von mannigfacher Farbe).* **vernus:** *Adj. zu* ver, veris Frühling. **color:** Farbe. (91) **illō** *meint Theseus.* **flagrare:** glühen, lodern. **dēclīnāre:** abbiegen, abwenden. (92) **concipere,** cipio, cēpī: aufnehmen. (93) **funditus** *(Adv.):* von Grund auf, ganz und gar. **medulla:** Mark, Knochen. **imus:** unterster, innerster *(vgl. 51,9; 76,21; 45,16).* (94) **heu:** wehe; *hier wendet sich der Dichter direkt an den Liebesgott* (Apostrophe → S). **exagitare:** erregen. **immītis:** ohne Milde, grausam *(Beiwort des zu unerfüllter Liebe treibenden Liebesgottes, vgl. 99,11).* **furor:** Raserei, Leidenschaft *(bes. bei unerfüllter Liebe).* (95) **sānctus puer** *umschreibt Amor, der als Gott unangreifbar ist.* **gaudium:** Freude. (96) **quaeque:** du, die du sowohl über Golgoi *(zyprische Stadt mit berühmtem Aphroditetempel)* herrschst als auch über das waldige Idalium *(zyprisches Gebirge mit Tempel und heiligem Hain der Aphrodite):* Umschreibung der Göttin Venus. (97) **mente:** im Herzen. **iactāstīs** = iactāvistīs *von* iactare *svw.:* hin und her werfen. (98) **flāvus:** blond. **suspīrare:** tief Atem holen, seufzen. **in:** *svw.* beim Anblick *oder* beim Gedanken. (99) **languēre:** matt sein, *h. svw.* schmachten.

100 Quam tum saepe magis fulgore expalluit auri,
   cum saevum cupiens contra contendere monstrum
102 aut mortem appeteret Theseus aut praemia laudis!

116 Sed quid ego a primo digressus carmine plura
   commemorem, ut linquens genitoris filia vultum,
   ut consanguineae complexum, ut denique matris,
   quae misera in gnata deperdita laetabatur,
120 omnibus his Thesei dulcem praeoptarit amorem,
   aut ut vecta rati spumosa ad litora Diae
   venerit, aut ut eam devinctam lumina somno
   liquerit immemori discedens pectore coniunx?
   Saepe illam perhibent ardenti corde furentem
125 clarisonas imo fudisse ex pectore voces
   ac tum praeruptos tristem conscendere montes,
   unde aciem pelagi vastos protenderet aestus,
   tum tremuli salis adversas procurrere in undas
   mollia nudatae tollentem tegmina surae,
130 atque haec extremis maestam dixisse querelis,
   frigidulos udo singultus ore cientem:
      ‚Sicine me patriis avectam, perfide, ab aris,
   perfide, deserto liquisti in litore, Theseu?
   Sicine discedens neglecto numine divum

---

(100) **quantō** *(Abl. differentiae, des Unterschieds)*. **magis fulgōre aurī**: um wieviel mehr als das Glänzen des Goldes. **expallēscere**, pallui: blaß werden *(was sich bei dunkler Hautfarbe in einem gelblichen Ton ausdrückt)*. (101) **mŏnstrum**: Ungeheuer *(der Minotauros)*. (102) **laudis**: erläuternder Genitiv: Belohnungen, die in Ruhm bestehen.
Der Dichter berichtet dann kurz, wie Theseus über den Minotauros gesiegt hat. Dann erwähnt er in der Form der Praeteritio (Schilderung ‚im Vorbeigehen'), wie Ariadne Theseus folgte und bei einem Zwischenaufenthalt auf der Insel Naxos, während sie schlief, von Theseus verlassen wurde (116–123). Ausführlich stellt er dann ihre Reaktion dar, als sie sich beim Erwachen verlassen und einsam sieht (124–201).
(116–123) *Übersetzung*: Aber was soll ich vom Beginn meines Liedes *(das v. 52 bereits von der auf Naxos verlassenen Ariadne sprach)* abweichen und weiter berichten, wie die Tochter den Anblick des Vaters verließ, wie die Umarmung der Schwestern, wie schließlich die der Mutter – die ganze Freude dieser Unglücklichen war es, die Tochter hingebungsvoll zu lieben – und wie sie diesem allem die süße Liebe zu Theseus vorgezogen hat oder wie sie, auf dem Schiff fahrend, zum schäumenden Ufer von Dia *(alter Name für Naxos)* gekommen ist oder wie sie, als ihre Augen vom Schlaf bezwungen waren, verlassen hat, mit undankbarem Herzen scheidend, der ‚Gatte' *(daß Theseus Ariadne offiziell heiratete, hat der Dichter vorher nicht gesagt; es wird erst in der Schilderung Ariadnes ab v. 132 ersichtlich, ohne daß man weiß, ob dies nur eine Einbildung Ariadnes ist)?*
(124) **perhibent**: sie erzählen, man berichtet. **furere**: rasen. (125) **clārisonus**: helltönend. (126) **praeruptus**: steil (abfallend). **cōnscendere**: besteigen. (127) **aciēs**: (scharfer) Blick. **pelagus**: Meer, *grch. Wort*. **văstus**: ungeheuer (weit). **prōtendere**: hinaussenden, -lenken; *der Konj. hat finalen Sinn* (um von dort ...). **aestus, ūs**: Brandung, Wogen. (128) **tremulus**: zitternd, wogend. **sāl**: Salz, Meer. **adversus** *svw.*: gegen sie anrollend. **prōcurrere**: hinauslaufen. (129) **nūdāta sūra**: das so *(durch tollere ...)* entblößte Bein (sura Wade). **tegmen**, inis: Gewand, Bekleidung. (130) **maestus**: traurig. **querēla**: Klage. (131) **frĭgidulus** *svw.*: langsam ermattend. **ūdus**: feucht, naß. **singultus, ūs**: Schluchzen. **ciēre**: bewegen, hervorbringen. (132) **sīcine**: sic + Fragekennzeichen -ne. **āvchi, vĕxi, vectum**: wegfahren, entführen. **perfidus**: treulos. (133) **dēsertus**: verlassen. **liquisti** = re-liquisti. **Thēseu**: *Vokativ*. (134) **divūm** = divorum, deorum.

135 immemor, a, devota domum periuria portas?
Nullane res potuit crudelis flectere mentis
consilium? Tibi nulla fuit clementia praesto,
immite ut nostri vellet miserescere pectus?
At non haec quondam blanda promissa dedisti
140 voce mihi, non haec miserae sperare iubebas,
sed conubia laeta, sed optatos hymenaeos:
quae cuncta aerii discerpunt irrita venti.
Nunc iam nulla viro iuranti femina credat,
nulla viri speret sermones esse fidelis;
145 quis dum aliquid cupiens animus praegestit apisci,
nil metuunt iurare, nihil promittere parcunt;
sed simulac cupidae mentis satiata libido est,
dicta nihil metuere, nihil periuria curant.
Certe ego te in medio versantem turbine leti
150 eripui et potius germanum amittere crevi,
quam tibi fallaci supremo in tempore dessem:
pro quo dilaceranda feris dabor alitibusque
praeda neque iniacta tumulabor mortua terra.
Quaenam te genuit sola sub rupe leaena,
155 quod mare conceptum spumantibus expuit undis,
quae Syrtis, quae Scylla rapax, quae vasta Charybdis,
talia qui reddis pro dulci praemia vita?
Si tibi non cordi fuerant conubia nostra,
saeva quod horrebas prisci praecepta parentis,

---

(135) **immemor**: ohne Erinnerung (an). **ā**: ach. **dēvōtus**: den unterirdischen Göttern gelobt *(d. h. bei Nichterfüllung von ihnen zu rächen)*, mit einem Fluch belegt. **periūrium**: Meineid. **portare**: tragen. (137) **clēmentia**: Milde, Mitgefühl. **praestō esse**: vorhanden sein, zur Verfügung stehen. (138) **miserēscere** + *Gen.:* sich erbarmen, *vgl.* 94. (139) **blandus**: schmeichelnd. **prōmissum**: Versprechen. (141) **cōnūbium**: Verbindung (Zusammenschlafen; Eheverbindung). **hymenaeus**: Hochzeitsgesang. (142) **āerius**: luftig. **discerpere**: zerpflücken. **irritus**: ungültig. **ventus**: Wind; *vgl.* 70,4; 30,10. (145) **quis** = quibus, *relativischer Anschluß, Dat.-Ergänzung zu* praegestit. **praegestīre**: sich ausgelassen freuen. **apīsci**: habhaft werden, erreichen. (146) **metuunt, parcunt** *h. mit infinitivischen Ergänzungen.* (147) **satiare**: sättigen. **libīdo**: Begierde. (148) **dictum**: Gesagtes, Wort. **cūrare** + *Akk.:* sich kümmern um. (149) **certē**: bestimmt, jedenfalls. **versari**: sich befinden. **turbo**, inis *m.:* Wirbel. **lētum**: Tod. (150) **potius**: eher. **germānus**: Bruder. **cernere**, crēvi *h.* = decernere beschließen. (151) **fallāx**: trügerisch. **suprēmus**: oberster, *svw. kritischster.* **dēssem** = deessem. (152) **prō quō**: dafür, zum Dank. **dīlacerare**: zerreißen. **fera**: wildes Tier. **āles**, itis: Vogel. (153) **inicere**, icio, iēci, iectum: daraufwerfen. *Erde auf den Toten zu bringen, war unerläßliche Voraussetzung dafür, daß er begraben war und nicht — so stellte man es sich vor — unbestattet als ruheloser Geist umherirrte, weil ihm der Weg in die Unterwelt versperrt war.* **tumulare**: mit einem Grabhügel bedecken, begraben. (154) **quinam**: welcher denn. **gīgnere**, genui: gebären. **sōlus**: einsam. **rūpēs**, is *f.:* Felsen. **leaena**: Löwin, *vgl.* 60,1. (155) **concipere**, cepi, ceptum: empfangen. **spūmare**: schäumen. **ex(s)puere**: ausspeien. (156) **Syrtis**, is *f.:* Syrte, Sandbank *mit Untiefen (bes. an der afrikanischen Küste).* **Scylla**: Skylla, *hoher, vorspringender Felsen am Eingang der sizilischen Meerenge (anders 60,2).* **Charybdis**: Charybdis, *Strudel gegenüber der Skylla.* **rapāx**: reißend, räuberisch. (158) **cordi esse**: am Herzen liegen. (159) **horrēre**: vor etw. zurückschrecken. **prīscus**: alt (ehrwürdig). *Ariadne nimmt hier an, der Vater des Theseus könne ihm vielleicht einmal die Weisung gegeben haben, er müsse zu einer Heirat seine Zustimmung geben oder er solle sich nicht mit den feindlichen Kretern weiter einlassen.*

160 at tamen in vostras potuisti ducere sedes,
quae tibi iocundo famularer serva labore
candida permulcens liquidis vestigia lymphis
purpureave tuum consternens veste cubile. —
Sed quid ego ignaris nequiquam conqueror auris
165 externata malo, quae nullis sensibus auctae
nec missas audire queunt nec reddere voces?
Ille autem prope iam mediis versatur in undis,
nec quisquam apparet vacua mortalis in alga.
Sic nimis insultans extremo tempore saeva
170 Fors etiam nostris invidit questibus auris.
Iuppiter omnipotens, utinam ne tempore primo
Gnosia Cecropiae tetigissent litora puppes,
indomito nec dira ferens stipendia tauro
perfidus in Creta religasset navita funem,
175 nec malus hic celans dulci crudelia forma
consilia in nostris requiesset sedibus hospes!
Nam quo me referam? Quali spe perdita nitor?
Idaeosne petam montes? A, gurgite lato
discernens ponti truculentum ubi dividit aequor!
180 An patris auxilium sperem? Quemne ipsa reliqui
respersum iuvenem fraterna caede secuta!
Coniugis an fido consoler memet amore?
Quine fugit lentos incurvans gurgite remos!
Praeterea nullo litv sola insula, tecto,

---

(161) **famulari**: dienen *(der Konjunktiv hat finalen Sinn: damit ich ...).* **serva**: Sklavin. (162) **candidus**: weißglänzend. **permulcēre**: streicheln, liebkosen, berühren. **liquidus**: flüssig, fließend. **vestīgium**: Fuß(spur). **lympha**: (klares) Wasser. (163) **purpureus**: strahlend, purpurn. **cōnsternere**: bedecken. **vestis**: Decke *(auch die Decke über dem Brautbett von Peleus und Thetis wird von C. in v. 50 mit diesem Ausdruck bezeichnet).* (164) **ignārus** *svw.*: nicht verstehend, nicht mitempfindend. **nequīquam**: umsonst, vergeblich. **conqueri**: *verstärktes* queri. **aura**: Luft. (165) **ex(s)ternare**: außer Fassung bringen. **malum**: Übel, Leid. **sēnsus, ūs**: Sinnesempfindung. **augēre**, auxi, auctum: *(moralisch oder geistig)* fördern, erheben. (166) **quīre**: können. (167) **prope**: fast. (168) **vacuus**: leer, *h. svw.* einsam. **alga**: Seegras, Seetang. (169) **īnsultare**: verhöhnen, j-m übel mitspielen. (170) **Fors**: Zufall, Zufallsgöttin *(soviel wie Fortuna).* **questus, ūs**: die Klage, das Klagen. **invidere, vīdī** alicui aliquid: j-m etw. vorenthalten, versagen. **auris** Akk. Pl. von auris Ohr. (171) **omnipotens**: allmächtig. **tempore prīmō**: *svw.* am Anfang. (172) **Gnōsius**: gnosisch, *d. h. von Knossos, der Hauptstadt Kretas.* **Cecropius**: kekropisch *(Kekrops ist der sagenhafte Gründer Athens, aus dem Theseus gekommen war).* **puppis** *f.:* Schiff. (173) **indomitus**: ungezähmt. **taurus**: Stier. **dīrus**: grausig. **stipendium**: Tribut, Abgabe. **religāsset** = religavisset, *von* religare anbinden. **nāvita** = nauta: Seemann. **fūnis**: Seil, Tau. (175) **celare**: verbergen. (176) **requiēsset** = requiēvisset *von* requiēscere, quiēvī ausruhen. (177) **sē referre**: sich begeben. **perditus**: verloren. (178) **Idaei montes**: Idagebirge *auf Kreta.* **gurges**, itis *m.:* Strudel. **lātus**: weit, breit. (179) **discernere**: entfernen. **pontus**: Meer. **truculentus**: finster, wild. **ubi** *leitet einen Relativsatz ein, der Nachtrag zu* referam *ist:* von hier, wo ... **aequor**, oris *n.:* Fläche. (180) **quemne**: quem *ist relativischer Anschluß,* -ne *kann auch hinweisenden Charakter haben:* ihn ... doch. (181) **respergere**, spersi, spersum: bespritzen. **frāternus**: *Adj. zu* frater, *wie ein Gen.-Attribut verwendet.* (182) **cōnsolari**: trösten. **fīdus**: treu. **mēmet**: -met *verstärkt.* (183) -ne: *vgl.* 180. **lentus**: zäh, *svw.* schwergehend. **incurvare** + *Abl.:* ,in etw. hineinbiegen'. **rēmus**: Ruder. (184) **tēctum**: Dach.

185 nec patet egressus pelagi cingentibus undis:
nulla fugae ratio, nulla spes: omnia muta,
omnia sunt deserta, ostentant omnia letum.
Non tamen ante mihi languescent lumina morte
nec prius a fesso secedent corpore sensus,
190 quam iustam a divis exposcam prodita multam
caelestumque fidem postrema comprecer hora.
Quare, facta virum mulctantes vindice poena
Eumenides, quibus anguino redimita capillo
frons expirantis praeportat pectoris iras,
195 huc huc adventate, meas audite querelas,
quas ego, vae, misera extremis proferre medullis
cogor inops, ardens, amenti caeca furore.
Quae quoniam verae nascuntur pectore ab imo,
vos nolite pati nostrum vanescere luctum,
200 sed quali solam Theseus me mente reliquit,
tali mente, deae, funestet seque suosque!'
Has postquam maesto profudit pectore voces
supplicium saevis exposcens anxia factis,
annuit invicto caelestum numine rector,
205 quo motu tellus atque horrida contremuerunt
aequora concussitque micantia sidera mundus.

---

(185) ēgressus, ūs: Ausweg, Entkommen. (186) **mūtus:** stumm. (187) **ostentare:** vor Augen halten. **lētum:** Tod. (188) **languescēre:** erschlaffen; *(von Augen:)* brechen. (189) **fessus:** erschöpft. **sēcēdere:** weggehen. (190) **dīvus:** Gott. **expōscere:** dringlich fordern. **multa:** Strafe. (191) **caelestis:** Himmlischer, *Gen. Pl. bei substantivierten Adjektiven der i-Deklination öfters auch* -um. **comprecari:** erflehen. (192) **quārē:** daher. **virūm:** *Gen. Pl.* **multare:** strafen. **vindex,** dicis: Beschützer, Rächer, *h. Attribut zu* poena. (193) **Euménidēs:** ‚die Wohlwollenden‘, *ein Worttabu, das die eigentliche Funktion dieser Rachegeister auszusprechen vermeidet und die Erinyen meint, die nach griechischer Vorstellung Verbrecher, insbesondere wenn sie einen Mord und andere schwere Vergehen gegen göttliches Recht begangen haben, rächend verfolgen, so daß sie wahnsinnig werden.* **anguīnus capillus:** Schlangenhaar *(die Erinyen hatten Schlangen als oder im Haar).* **redimīre:** umwinden, umgeben. (194) **frōns,** ntis *f.:* Stirn. **ex(s)pīrare:** herauswehen, -stürmen. **expīrantīs:** *Akk. Pl., zu* īrās. **praeportare:** vor sich her, deutlich zeigen. (195) **adventare:** schnell herbeikommen *(Intensivum zu* advenire*).* (196) **vae:** wehe. (197) **inops:** hilflos. **āmēns,** ntis: besinnungslos, wahnsinnig. **caecus:** blind. (198) **quae:** *relativischer Anschluß, meint das vorher Gesagte, die Klagen.* (199) **vanēscere:** entschwinden, vergeben. **lūctus, ūs:** Trauer. (200) **quālī:** *zu* mente. (201) **fūnestare** + *Akk.:* über j-n den Tod bringen, j-n mit Tod treffen, beflecken.

(202—206) *Übersetzung:* Nachdem sie diese Klagen aus traurigem Herzen ergossen hatte, dringend Strafe verlangend, durch grausame Tatsachen bedrängt, nickte der Herrscher der Götter Zustimmung mit einem Nicken seines unbesieglichen Hauptes; durch diese Bewegung erbebten die Erde und die schrecklichen Meere, und ins Schwanken brachte die schimmernden Sterne das Weltall.

Theseus vergißt darauf, bei der Einfahrt in den athenischen Hafen statt der schwarzen Trauersegel weiße aufzuziehen. Das nämlich hatte ihm sein alter Vater vor der Fahrt nach Kreta aufgetragen. Der traurige Anlaß gebiete schwarze Segel. Komme er aber unversehrt heim, solle er weiße Segel setzen. Der Vater sieht die schwarzen Segel, denkt, sein Sohn sei nicht mehr am Leben, und stürzt sich vom Felsen herab. ‚So betrat ein durch den Tod des Vaters besudeltes Haus der trotzige Theseus. Die Trauer, die er der Minostochter mit seinem undankbaren Herzen bereitet hatte, die traf nun ihn selbst.‘ (Sic funesta domus ingressus tecta paterna / morte ferox

70 Nulli se dicit mulier mea nubere malle
　　quam mihi, non si se Iuppiter ipse petat.
　Dicit. Sed, mulier cupido quod dicit amanti,
　　in vento et rapida scribere oportet aqua.

72 Dicebas quondam solum te nosse Catullum,
　　Lesbia, nec prae me velle tenere Iovem.
　Dilexi tum te non tantum, ut vulgus amicam,
　　sed pater ut gnatos diligit et generos.
　5 Nunc te cognovi: Quare, etsi impensius uror,
　　multo mi tamen es vilior et levior.
　‚Qui potis est?' inquis. Quod amantem iniuria talis
　　cogit amare magis, sed bene velle minus.

73 Desine de quoquam quicquam bene velle mereri
　　aut aliquem fieri posse putare pium.
　Omnia sunt ingrata, nihil fecisse benigne
　　prodest, immo etiam taedet obestque magis:
　5 ut mihi, quem nemo gravius nec acerbius urget,
　　quam modo qui me unum atque unicum amicum habuit.

75 Huc est mens deducta tua, mea Lesbia, culpa
　　atque ita se officio perdidit ipsa suo,

Theseus, qualem Minoidi luctum / obtulerat mente immemori, talem ipse recepit *vv.* 246–248). *Ariadne wird schließlich von dem vorbeiziehenden Gott Dionysos (Bacchus) gefunden, der sich in sie verliebt.*

70 **Versmaß:** elegisches Distichon → M 3.2. (1) **mulier:** Frau, Weib *(als Geschlechtswesen).* **nūbere** + *Dat.:* heiraten, gehören *(vgl.* 109 B 1). (3) **cupidus:** begehrlich. **amāns:** Liebhaber. (4) **rapidus:** reißend. **oportet:** es ist nötig, zweckdienlich.

72 **Versmaß:** elegisches Distichon → M 3.2. (1) **nōsse** = novisse. (2) **prae** + *Akk.:* vor. **tenēre:** *(als Geliebten)* haben, besitzen. **Iovem:** *Akk.* zu Iuppiter. (3) **dīligere, lēxi:** lieben *(in jeder möglichen Hinsicht: geistig, seelisch, körperlich).* **tantum:** so sehr. **amīca:** Freundin. (4) **ut:** *die Konjunktion steht in poetischen Texten nicht immer am Anfang eines Gliedsatzes.* **gnātus:** *(leiblicher)* Sohn. **gener, i:** Schwiegersohn. (5) **quārē** *(hier relativischer Anschluß):* daher. **impēnsus:** aufwendig, heftig. **impēnsius:** *Adv. im Komparativ.* **ūrere:** etw. verbrennen. (6) **mī** = mihi. **vīlis:** wertlos, verächtlich. (7) **quī:** wie? **potis est:** 1. er kann; 2. es ist möglich. **inquis:** sagst du. **amāre:** lieben *(gefühlsmäßig, körperlich).* (8) **bene velle:** *(geistig und allgemein menschlich, z.B. auch durch persönlichen Einsatz)* geneigt, zugetan sein, freundschaftlich gesinnt sein.

73 **Versmaß:** elegisches Distichon → M 3.3 (1) **quisquam:** auch nur irgend jemand. **quicquam bene merērī:** sich (auch nur) in irgend etwas wohl verdient machen *oder* (Anspruch auf) Dankbarkeit erwerben. **pius:** pflichtbewußt, gewissenhaft *(in der Erfüllung entstandener Verpflichtungen).* (3) **ingrātus:** undankbar *(wer sich nicht an die Spielregeln eines durch Leistungen zustandegekommenen Verhältnisses von Leistung und Gegenleistung hält),* keinen Dank bringend. **benignus:** gefällig, liebevoll. (4) **immō:** im Gegenteil. **etiam** *verstärkt.* **taedet:** es schafft Verdruß, ist widerwärtig. **obesse:** schaden. (5) **ut mihī:** so wie mir *(Dat. von* obest *abhängig).* **urgēre:** fortstoßen. (6) **modo:** eben *(gehört in den qui-Satz).* **ūnicus:** einzig.

75 **Versmaß:** elegisches Distichon → M 3.2. (1) **hūc:** hierher, dahin. **mēns:** Gesinnung, Gemüt *und als Zusammenfassung davon* Herz. **deducere:** wohin bringen. (2) **officium:** Pflichterfüllung *in einem auf Leistung und Gegenleistung beruhenden Verhältnis.*

ut iam nec bene velle queat tibi, si optuma fias,
  nec desistere amare, omnia si facias.

76 Si qua recordanti benefacta priora voluptas
  est homini, cum se cogitat esse pium
nec sanctam violasse fidem nec foedere nullo
  divum ad fallendos numine abusum homines:
5 multa parata manent in longa aetate, Catulle,
  ex hoc ingrato gaudia amore tibi.
Nam quaecumque homines bene cuiquam aut dicere possunt
  aut facere, haec a te dictaque factaque sunt:
omnia quae ingratae perierunt credita menti.
10   Quare cur te iam amplius excrucies?
Quin tu animo offirmas atque istinc teque reducis
  et dis invitis desinis esse miser?
Difficile est longum subito deponere amorem;
  difficile est, verum hoc, qua lubet, efficias:
15 una salus haec est, hoc est tibi pervincendum;
  hoc facias, sive id non pote sive pote. —
O di, si vestrum est misereri aut si quibus umquam
  extremo, iam ipsa in morte, tulistis opem,
me miserum aspicite et, si vitam puriter egi,
20   eripite hanc pestem perniciemque mihi!

---

(3) **bene velle**: freundlich gesinnt sein. **queo**: ich kann. (4) **dēsistere**: ablassen, aufhören. **amare**: lieben *(gefühlsmäßig, körperlich)*. **omnia**: *betonte Voranstellung*.
76 **Versmaß**: elegisches Distichon → M 3.2. (1) **qui, qua(e), quod**: irgendein(e). **recordari** + *Akk.*: sich vergegenwärtigen, an etw. zurückdenken. **benefactum**: gutes Werk, Leistung, *die in einem Klientelverhältnis (76 B 1) der patronus dem Klienten erweist*. **voluptas**: Freude, Vergnügen. **cum — cōgitat** *erläutert* recordanti benefacta pr. voluptas est homini *(cum coincidentiae oder explicativum)*. **pius**: pflichtbewußt. (3) **violāsse** = violāvisse. (4) **dīvum**: *Gen. Pl. zu* divus Gott. **abūtī, ūsus sum** + *Abl.*: mißbrauchen. (5) **aetās**: Leben(szeit). (6) **gaudium**: (innere) Freude. (7) **bene dīcere**: Gutes sagen. (9) **crēdere**, credidi, creditum: auf Treu und Glauben (über)geben. (10) **quārē**: daher. **iam|amplius**: *zur Steigerung des affektiven Eindrucks wird* iam *nicht mit* amplius *verbunden gesprochen, die Synaloephe erfolgt nicht, sondern am wird, durch eine Pause unterbrochen, wiederholt* (→ M 2.7, 2.11). **excruciare**: am Kreuz martern, foltern. (11) **quin**: warum nicht? **offīrmare**: fest entschlossen sein. **animus**: der aktive *(denkende und handelnde) Geist*. **atque — que — et**: *mit* atque *wird eine genaue Erläuterung zu* animo offirmas *angeschlossen, die in sich durch* -que *und* et *unterteilt ist;* -que *kann bisweilen statt an das erste* (istinc) *an eines der folgenden Wörter angeschlossen werden*. **sē redūcere**: sich zurückziehen. (12) **dīs invītīs** *(Abl. + Prädikativum) auf* desinis *bezogen*: warum hörst du, da die Götter nicht wollen, nicht auf, unglücklich zu sein? ,fahre doch nicht gegen den Willen der Götter fort, unglücklich zu sein'. **miser** *ist, wer sich nicht einer gegebenen Situation anpassen kann*. (13) **subitō**: plötzlich, mit einem Mal. (14) **vērum**: aber. **quā lubet**: wie es auch gehen mag. (15) **pervincere**: durchsetzen, erzwingen, durchstehen. (16) **sīve ... sīve**: ob (nun) oder (ob). **pote** sc. est: möglich. (17) **meum est**: es ist meine Art, Aufgabe. **miserērī**: Mitleid haben, barmherzig sein. **umquam**: jemals. (18) **extrēmō**: in kritischer Lage, in einer Grenzsituation. **opem ferre**: Hilfe bringen. (19) **pūriter** *Adv. (archaische Form statt* pūrē): rein. (20) **ēripere**: herausreißen. **pestis**, is *f.*: Seuche.

Hei mihi, subrepens imos ut torpor in artus
  expulit ex omni pectore laetitias!
Non iam illud quaero, contra me ut diligat illa
  aut, quod non potis est, esse pudica velit:
25 Ipse valere opto et taetrum hunc deponere morbum.
  O di, reddite mi hoc pro pietate mea!

83 Lesbia mi praesente viro mala plurima dicit:
  Haec illi fatuo maxima laetitia est.
Mule, nihil sentis? Si nostri oblita taceret,
  sana esset; nunc quod gannit et obloquitur,
5 non solum meminit, sed, quae multo acrior est res,
  irata est: hoc est, uritur et loquitur.

84 ‚Chommoda' dicebat, si quando ‚commoda' vellet
  dicere, et ‚insidias' Arrius ‚hinsidias',
et tum mirifice sperabat se esse locutum,
  cum, quantum poterat, dixerat ‚hinsidias'.
5 Credo, sic mater, sic liber avunculus eius,
  sic maternus avus dixerat atque avia.
Hoc misso in Syriam requierant omnibus aures:
  audibant eadem haec leniter et leviter

---

(21) subrēpere: hinunterkriechen. īmī artūs: die Gliedmaßen da, wo sie ihr Innerstes haben (imi *prädikativ*), das Innerste der Glieder. ut: wie. torpor: Erstarrung, Lähmung. (22) laetitia: Freude. (23) contrā dīligere: wieder lieben. (24) potis est = potest. pudīcus: schamhaft. (25) valēre: gesund sein. taeter, tra, trum: häßlich, abscheulich. (26) dī = dei. pietās: Pflichterfüllung.

83 **Versmaß**: elegisches Distichon → M 3.2. (1) **mi** = mihi, *svw.* über mich. **praesente viro**: während ein Mann anwesend ist, vor ihrem Galan *oder* vor ihrem Ehemann (vir *ist nicht eindeutig festlegbar und meint zunächst den Mann überhaupt im Gegensatz zur Frau*). (2) **fatuus**: einfältig; Dummkopf. **laetitia**: Freude. (3) **mūlus**: Maulesel, Maultier *(auch Schimpfwort).* **oblīvīscī**, oblītus sum + *Gen.:* vergessen. (4) **sānus**: gesund, geheilt *(auch als Umschreibung für den Zustand der Befreiung von einer Liebe verwendet, da — vor allem behinderte — Liebe sich wie eine Krankheit äußern kann).* **gannīre**: knurren. **obloqui**: schimpfen. (6) **ūrere**: brennen.

84 **Versmaß**: elegisches Distichon → M 3.2. *Das h galt lateinischen Grammatikern lange nicht als Buchstabe, sondern nur als Zeichen der Aspiration (des Anhauchs) von Vokalen; in gebildeten Kreisen wurde jedoch das h als Behauchung von Konsonanten in ursprünglich griechischen Wörtern verwendet (vgl.* φιλόσοφος, *ursprgl. lat. pilosoppos, dann korrekter philosophus). Wer da nicht genau Bescheid wußte, konnte im Streben, zu den gebildeten Klassen zu gehören, Schiffbruch erleiden.*
(1) **commodum**: Vorteil. **quandō**: einmal. (2) **insidae**: Nachstellungen, Fallen. **Arrius**: *wer das ist, ist nicht sicher, vielleicht ein hochgekommener fleißiger Beamter namens Q. Arrius.* (3) **mīrificus**: wunderbar, außerordentlich. (5) **Līber**: *Adjektiv oder Substantiv. Vielleicht meint C. Līber, den altitalischen Gott der Saaten, dessen Funktion und Name später auf den Weingott Bacchus übertragen wurden; das würde dann die alväterisch erscheinende Aussprache bezeichnen und entspräche unserer Verwendung von Namen wie Old-Methusalem.* **avunculus**: Onkel *(mütterlicherseits).* (6) **māternus**: mütterlich(erseits). **avia**: Großmutter. (7) **Syria**: Syrien *(der Anlaß zu seiner Entsendung ist unbekannt, vielleicht ein Feldzug des Crassus).* **requiērant**: requieverant: *von* **requiēscere**, requiēvī zur Ruhe kommen. (8) **audībant** = audiebant.

       nec sibi postilla metuebant talia verba,
10   cum subito affertur nuntius horribilis
       Ionios fluctus, postquam illuc Arrius isset,
       iam non Ionios esse, sed Hionios.

85 Odi et amo. Quare id faciam, fortasse requiris.
      Nescio, sed fieri sentio et excrucior.

86 Quintia formosa est multis, mihi candida, longa,
      recta est. Haec ego sic singula confiteor,
      totum illud ‚formosa' nego: Nam nulla venustas,
      nulla in tam magno est corpore mica salis.
   5 Lesbia formosa est, quae cum pulcerrima tota est,
      tum omnibus una omnis subripuit Veneres.

87 Nulla potest mulier tantum se dicere amatam
      vere, quantum a me Lesbia amata mea est;
      nulla fides ullo fuit umquam foedere tanta,
      quanta in amore tuo ex parte reperta mea est.

---

(9) **sibi**: *Dat. incommodi (der Person, die den Nachteil hat).* **postillā**: später, zukünftig. (10) **subitō**: auf einmal. **horribilis**: schrecklich, schaudererregend (11) **Īoniī flūctūs**: ionische Fluten *(meint das ionische Meer zwischen Italien, Sizilien und Griechenland).* **Hīonius**, *bei zu starker Anfangsbehauchung wie* chioneus *klingend, spielt wohl auf das griechische Wort* chioneos (χιόνεος) *an, das ‚schneeig', ‚eisig' meint.*

85 **Versmaß**: elegisches Distichon → M 3.2. (1) **ōdisse**: hassen (von Haß erfüllt sein). **requīrere**: fragen, wissen wollen. (2) **excruciare**: langsam zu Tode quälen *(z. B. am Marterpfahl oder Kreuz,* crux, *in der Form eines T).*

86 **Versmaß**: elegisches Distichon → M 3.2. (1) **Quintia**: *weibl. Eigenname.* **fōrmōsus**: schön (von Gestalt). **multīs, mihi**: *Dativ des ‚Beurteilers':* für viele, in den Augen vieler usw. **candidus**: blütenweiß, weiß glänzend *(weiße Hautfarbe gilt in südlichen Ländern als besonders schön).* **longus**: lang = groß. (2) **rēctus**: gerade (gewachsen). **singula** *auf* haec *bezogen:* im einzelnen. **cōnfitērī**: zugestehen, zugeben. (3) **tōtum illud ‚fōrmōsa'**: dieses Gesamturteil ‚schön'. **venustas**: Anmut, Schönheit, Liebreiz *(vgl. Venus), der auf den Betrachter einwirkt und ihn in Bann zieht.* (4) **mīca**: Krümchen, Bißchen. **sāl, salis**: Salz, *das auch Appetitanreger ist;* Charme. (5) **pulcer**: *der k-Laut wurde teils c, teils ch, teils mit anderen Zeichen geschrieben.* **cum — tum**: sowohl — als auch (vor allem). (6) **ūna**: *prädikativ zu* Lesbia. **omnīs**: *Akk. Pl.* **surripere**: wegnehmen. **Venerēs**: *Pl. zu Venus:* alle Attribute der Venus, alle wirkenden Reize.

87 **Versmaß**: elegisches Distichon → M 3.2. (1) **mulier**: Frau. **tantum — quantum**: so sehr — wie. **amātam** *sc.* esse. (2) **vērē**: wahrlich. **Lesbia**: → Einleitung 8. (3) **fidēs** Treue, **foedus**, eris *n.* Vertrag, Bund: *vgl. 76,3 und 76 B 1.* **umquam**: jemals. **ūllō foedere**: *sc.* in. (4) **amor tuus**: *adjektivisches Attribut statt Gen. obiectivus:* Liebe zu dir. **pars**: Seite *(die eine Seite von zwei Vertragspartnern).* **reperire**, repperi, repertum: nach Suchen *oder* Untersuchen (be)finden, erweisen.

92 Lesbia mi dicit semper male nec tacet umquam
de me: Lesbia me dispeream nisi amat.
Quo signo? Quia sunt totidem mea: Deprecor illam
assidue, verum dispeream, nisi amo.

93 Nil nimium studeo, Caesar, tibi velle placere
nec scire, utrum sis albus an ater homo.

96 Si quicquam mutis gratum acceptumve sepulcris
accidere a nostro, Calve, dolore potest,
quo desiderio veteres renovamus amores
atque olim missas flemus amicitias:
5 Certe non tanto mors immatura dolori est
Quintiliae, quantum gaudet amore tuo.

99 Surripui tibi, dum ludis, mellite Iuventi,
suaviolum dulci dulcius ambrosia.
Verum id non impune tuli: namque amplius horam
suffixum in summa me memini esse cruce,
5 dum tibi me purgo nec possum fletibus ullis
tantillum vestrae demere saevitiae.

---

92 **Versmaß**: elegisches Distichon → M 3.2. (1) **mī** = mihi. **male dīcere** + *Dat.:* über j-n Schlechtes reden. (2) **Lesbia mē** *stehen zusammen vor der Verspause (Caesur) und gehören in den* nisi-*Satz, der die Beziehung von Subjekt und Objekt klarmacht.* **dispeream**: ich will zugrundegehen, *volkstümliche Beteuerung im Sinne unseres ‚der Teufel soll mich holen'*. (3) **quō sīgnō**: *sc.* scio *o. ä., Kurzfrage.* **totidem** *sc.* sīgna: ebensoviel. **dēprecārī**: verwünschen. (4) **assiduus**: beständig. **vērum**: aber.

93 **Versmaß**: elegisches Distichon → M 3.2. (1) **nimium**: allzusehr. **nīl** *svw.:* nōn. (2) **utrum — an**: ob — oder. **albus**: weiß. **āter**: dunkel.

96 **Versmaß**: elegisches Distichon → M 3.2. (1) **quicquam**: irgendetwas. **mūtus**: stumm. **acceptus**: willkommen. **sepulcrum**: Grab. (2) **accidere** + *Dat.:* hindringen zu, erreichen (*im Sinne von ‚wahrgenommen werden'*). C. Licinius **Calvus** Macer: *Dichter und Rhetor, an den sich auch c. 50 richtet.* **dēsīderium**: Wunsch, Sehnsucht. **quō dēsīderiō**: in welcher Sehnsucht, in welchem Wunsch, *faßt den vorangehenden* si-*Satz zusammen, der einerseits eine Einschränkung, andererseits aber auch sinngemäß einen Wunsch enthält.* **amōrēs**: Gefühle der Liebe. **renovāre**: erneuern. (4) **ōlim**: einst. **mittere amīcitiam**: eine Freundschaft aufgeben. **flēre** + *Akk.:* weinen über. (5) **certus**: sicher. **immātūrus**: unreif, zu früh. **alicui** *(Dat. incommodi)* **dolori** *(Dat. finalis)* **esse**: j-m Schmerz bringen, j-n schmerzen. (6) **Quīntilia**: *die verstorbene Frau des Calvus.*

99 **Versmaß**: elegisches Distichon → M 3.2. (1) **surripere**, ripio, ripui: heimlich *oder* ehe man sich's versieht, entwenden, rauben. **lūdere**: spielen, schäkern, flirten *(vgl. zu 50,2).* **mellītus**: honigsüß *(die Süße ist Sinnbild des Zaubers, mit der eine — als schön erscheinende — Person in dem Betrachter Liebe erregt).* **Iuventius**: *Name einer römischen gens (vgl. 24,2; 48,1).* (2) **suāviolum**: Küßchen. **ambrosia**: Ambrosia, Götterspeise, *die die Unsterblichkeit bewirkt und bewahrt.* (3) **impūne ferre**: etw. straflos tun, für etw. nicht bestraft werden. **namque**: -que *fügt an,* nam *signalisiert eine Erläuterung.* **amplius**: mehr als. (4) **suffigere**, fīxī, fīxum: oben an etw. heften. **in summā** *(Prädikativ)* **cruce**: hoch oben am Kreuz *(dem Marter- und Hinrichtungsinstrument).* (5) **sē alicui pūrgāre**: sich vor j-m rechtfertigen, sich bei j-m entschuldigen. **flētus**, ūs: das Weinen *(der Pl. als Steigerung).* (6) **tantillum**: ein bißchen. **vestrae**: *entweder steigert der Plural (die Anrede eines Herrschers statt* tuae*) oder er verallgemeinert (euresgleichen; wie ihn ihr, d. h. die Jugend, habt).* **dēmere**: wegnehmen. **saevitia**: Zorn, Grausamkeit *eines* dominus *gegenüber Sklaven, in der Dichtung auch der als* domina *verstandenen Geliebten gegenüber dem total abhängigen Liebenden.*

Nam simul id factum est, multis diluta labella
    guttis abstersti | omnibus articulis,
ne quicquam nostro contractum ex ore maneret
10   tamquam commictae spurca saliva lupae.
Praeterea infesto miserum me tradere Amori
    non cessasti omnique excruciare modo,
ut mi ex ambrosia mutatum iam foret illud
    suaviolum tristi tristius elleboro.
15 Quam quoniam poenam misero proponis amori,
    numquam iam posthac basia surripiam.

|101| Multas per gentes et multa per aequora vectus
    advenio has miseras, frater, ad inferias,
ut te postremo donarem munere mortis
    et mutam nequiquam alloquerer cinerem,
5 quandoquidem fortuna mihi tete abstulit ipsum,
    heu, miser, indigne, frater adempte mihi!
Nunc tamen interea haec, prisco quae more parentum
    tradita sunt tristi munere ad inferias,
accipe fraterno multum manantia fletu
10   atque in perpetuum, frater, ave atque vale!

---

(7) **simul:** sowie, sobald. **dīluere,** luī, lūtum: ausspülen, abspülen. **labellum** *(erotische) Verkleinerungsform für* labrum Lippe. (8) **gutta:** Tropfen. **abstergere,** tersi, tersum: abwischen, abtrocknen. **abstersti** (= abstersisti) **omnibus:** *ohne Synaloephe* (M 2,7), *also mit Pause zu lesen.* **articulus:** Knöchel, Finger. (9) **quicquam:** irgendetwas. **contrahere,** trāxi, trāctum: zusammenziehen, *h. svw.* erhalten, abbekommen *(wie eine Ansteckung).* **tamquam** *sc.* esset: als ob, wie wenn es ... wäre. **commictus:** bepißt, *svw.* besudelt *(spielt darauf an, daß die Dirne auch vielerlei Männer mit dem Mund befriedigt hat).* **spurcus:** säuisch. **salīva:** Speichel, Geifer. **lupa:** Wölfin, *Umschreibung für eine Prostituierte.* (11) **infēstus:** feindlich, so heißt der Liebesgott Amor, wenn ein Dichter ausdrücken will, daß er unter einer nicht erwiderten Liebe leidet. **miser:** unglücklich, elend *(Zustand des Liebenden, dessen Liebe nicht erwidert wird, sich aber auch nicht mindert).* (12) **cessare:** aufhören (cessāstī = cessāvistī). **excruciare:** *(am Kreuz langsam zu Tode)* martern. (13) **mī** = mihi. **foret** = esset. (14) **trīstis, e:** traurig, herb, widerlich. **elleborum:** Nieswurz *(als Brechmittel verwendet).* (15) **quam poenam** *(relativischer Anschluß):* eine solche Strafe. (16) **numquam iam:** niemals mehr. **posthāc:** danach, in Zukunft. **bāsium:** Kuß.
101 **Versmaß:** elegisches Distichon → M 3.2. (1) **aequor,** is *n.:* Meer. **vehi,** vēctus sum: fahren. *Catull meint wohl seine Reise nach Bithynien südlich des Schwarzen Meeres; sein Bruder war in der Gegend des alten Troja, der Landschaft Troas an der Nordwestküste Kleinasiens, begraben.* (2) **advenire:** kommen, gelangen zu *(mit Zielakkusativ).* **inferiae,** arum: Totenopfer, Grabmahl. (3) **dōnare** *svw.:* beschenken. **postremum munus mortis** *meint Grabspenden, vor allem durch Begießen mit Öl oder Milch.* (4) **mūtus:** stumm. **nequīquam:** vergeblich. **alloqui:** anreden. **cinis,** cineris *m.:* Asche. (5) **quandōquidem:** da nun einmal. **tētē:** *verstärktes* te. (6) **heu** *(Interjektion):* weh(e). (7) **prīscus:** althergebracht. (8) **trīstī mūnere:** als ein trauriges Geschenk *(eigtl. modaler Abl.).* **ad:** zu, für. (9) **frāternus:** *Adj. zu* frater. **multum:** sehr, reichlich. **manare:** fließen. (10) **in perpetuum:** auf ewig. **avē:** sei gegrüßt. **valē:** leb' wohl. *C. weiß, daß er wohl nicht wieder nach Kleinasien kommen wird.*

107 Si quicquam cupido | optantique optigit umquam
    insperanti, hoc est gratum animo proprie.
  Quare hoc est gratum nobis quoque, carius auro,
    quod te restituis, Lesbia, mi cupido;
5 restituis cupido atque insperanti, ipsa refers te
    nobis: o lucem candidiore nota!
  Quis me uno vivit felicior aut magis hac res
    optandas vita dicere quis poterit?

109 Iocundum, mea vita, mihi proponis amorem
    hunc nostrum inter nos perpetuumque fore. —
  Di magni, facite, ut vere promittere possit
    atque id sincere dicat et ex animo,
5 ut liceat nobis tota perducere vita
    aeternum hoc sanctae foedus amicitiae.

---

107 **Versmaß:** elegisches Distichon → M 3.2. (1) **cupidus, optāns:** *substantivisch verwendet.* **optigit** = obtigit, *von* obtingere, tigi zuteilwerden, zufallen. (2) **īnspērāns,** ntis: nicht hoffend, wider Erwarten, *wird prädikativ verwendet.* **hoc** *nimmt den si-Satz wieder auf bzw. verweist auf den Inhalt des si-Satzes.* **proprie** *(Adv.):* im eigentlichen Sinne. **gratus** (‚wohltuend, willkommen, dankenswert') *ist das Adjektiv zu* gratia, *das das von Leistung und Gegenleistung getragene Verhältnis von patronus und cliens kennzeichnet; vgl.* 76 B 1. **cārus:** *(im Preis)* teuer, wert, lieb und wert. (3/4) **quare** *(relativischer Anschluß):* daher. **quod** *(konstatierendes, ‚faktisches' quod):* daß. **restituere:** wiedergeben. **mi** = mihi. (5) **referre:** zurückbringen. (6) **o lūcem** *(Akkusativ des Ausrufs):* o Tag. **candidus:** glänzend weiß. **nota:** Zeichen, Kennzeichnung *(die man sich z. B. im Kalender machen konnte, wobei eine weiße Kennzeichnung einen Glückstag, eine schwarze einen Unglückstag bedeutete).* **candidiōre notā:** Ablativus qualitatis, i. D. freier wiedergebbar. (7) **mē ūnō:** *Ablativ, in welcher Funktion?* **magis** *gehört zu* optandas. (8) **optandus:** wünschenswert. **optandas:** *sc.* res. **vitā:** *sc.* in.

109 **Versmaß:** elegisches Distichon → M 3.2. (1) **iōcundus:** *(das Innere)* erfreuend, ansprechend. **mea vita** *meint die angesprochene Geliebte.* (2) **fore:** *Infinitiv Futur zu* esse. (3) **di** = dei. **ut .. possit ... dicat:** *Objektsatz.* **vere:** *Adverb zu* verus. (4) **atque:** und, *schließt eine Erläuterung zum Vorigen an.* **sincērus:** echt, aufrichtig. (5) **ut liceat ...:** *Adverbialsatz.* **tōtā vītā:** *bei Verbindungen mit* totus *fehlt die Präposition (hier:* in*).* **perducere:** hinführen; fortsetzen. (6) **aeternus:** ewig, unzerstörbar. **sanctus:** heilig, geschützt.

Metrischer Anhang

DAS LESEN UND ANALYSIEREN VON VERSEN

1. **Zur Aussprache und Betonung des Lateinischen in der Antike**

1.1 Die Römer haben ihre Wörter nach dem sogenannten **Dreisilbengesetz** betont. Ist die vorletzte Silbe eines Wortes lang (−), so wird sie betont. Ist sie kurz (⌣), so wird, falls vorhanden, die drittletzte Silbe betont.

1.2 **Lang** (−) ist eine Silbe,
— wenn sie von **Natur** lang ist, also einen langen Vokal enthält: ā, ē, ī, ō, ū, alle Diphthonge (Doppelvokale): ae, ai, au, eu, oe, oi;
— wenn sie durch **Position** lang ist. *Positio* ist eine Übersetzung des griechischen Wortes Thesis (,Setzung'); entweder ist mit diesem antiken Begriff gemeint, daß man ,vereinbart' hat, bestimmte Buchstabenfolgen sollten als lang gelten, oder es ist gemeint, daß kurze Vokale in bestimmten **Stellungen** doch zu einer langen Silbe führen können. Eine Silbe ist positionslang, wenn ihr Vokal zwar kurz ist und auch so gesprochen wird, ihm aber mehrere Konsonanten folgen, so daß man bei sorgfältiger Aussprache ebenso viel Zeit für sie benötigt wie für eine naturlange Silbe.

1.3 Zur Positionslänge kommt es im allgemeinen nicht bei der Zusammenstellung von **Mutae** (stummen Verschlußlauten: b, p, d, t, g, c) **und Liquidae** (fließenden, beliebig lang aushaltbaren Konsonanten: l, m, n, r).

1.4 Lautgeschichtlich läßt sich erklären, daß x (Zeichen für gs oder cs) und z (Zeichen für ds) längen können, nicht aber qu (Zeichen für einen k-Laut ähnlich wie c).

1.5 H wurde kaum gesprochen, denn es war kein eigentlicher Buchstabe, sondern ein Zeichen, daß der folgende Vokal mit stärkerem Luftstrom gesprochen werden sollte (sogenannte **Aspiration**, Behauchung). Bei Konsonanten kennzeichnete h eine behauchte Aussprache (vgl. 84 B 1).

1.6 **Beispiele** für die Bewertung als Länge und Kürze (zusammenfassender Ausdruck: Quantitäten) und für die Betonung (Akzent):
vívĕrĕ: naturlange drittletzte Silbe, vorletzte Silbe kurz;
vīvámŭs: drittletzte und vorletzte Silbe naturlang;
ămémŭs: vorletzte Silbe naturlang;
ómnēs: positionslange vorletzte Silbe;
ŏccídĕrĕ: positionslange viertletzte, kurze drittletzte, kurze vorletzte Silbe;

  póssunt: positionslange vorletzte Silbe;
  těněbrāē: drittletzte und vorletzte Silbe kurz;

vgl. die Akzentverschiebungen z. B. bei der Konjugation:
ắmō, ắmās, ắmăt, ămắmŭs, ămắtĭs, ắmant;
ămắvī, ămāvístī, ămắvĭt, ămắvĭmŭs, ămāvístis, ămāvḗrunt.

1.7 Wir haben uns angewöhnt, nach deutschem Vorbild auch im Lateinischen die Betonung durch **lauteres Aussprechen** zu kennzeichnen, indem wir nämlich bei der betonten Silbe mehr Luft ausströmen lassen (sogenannter exspiratorischer Akzent, von *exspirare* ‚ausatmen'). Die Römer haben aber die betonten Silben vermutlich in einer **höheren Tonlage** gesprochen (sogenannter musikalischer Akzent). Dies können wir kaum nachahmen, es verlor sich auch bei den Römern etwa um 400 n. Chr.

2. Betonung und Quantitäten im Vers

2.1 Als **Metrik** bezeichnet man die Lehre vom rhythmisch gegliederten Vers. Ein **Vers** entsteht durch eine rhythmische Abfolge langer (—) und kurzer (⌣) Silben. Eine sich wiederholende Einheit aus Längen und Kürzen heißt **Metrum** (‚Maß'). Eine bestimmte Anzahl von Wiederholungen dieses Metrums stellt einen Vers dar. Werden mehrere gleiche oder verschiedene Verse zu einer Einheit zusammengefaßt, die sich wiederholt, so entstehen **Strophen**.

2.2 Wichtige Metren sind:
 Dáktylus: — ⌣ ⌣
 Spondéus: — —
 (doppelter) Iambus: ⌣ — ⌣ —
 Chóriambus: — ⌣ ⌣ —
 Trochaéus: — ⌣ — ⌣
Die Ausdrücke stammen aus dem Griechischen und bezeichnen entweder das äußere Erscheinungsbild (Daktylus = Finger, ein langes, zwei kurze Glieder) oder eine Gelegenheit, bei der dieser Vers besonders gern verwendet wurde (Spondeus: beim Trankopfer verwendet).

2.3 Beginnt ein Vers mit einer betonten Silbe, so hat er einen **fallenden Rhythmus**, beginnt er unbetont, so hat er einen **steigenden Rhythmus**.

2.4 In den meisten Versmaßen (vgl. 3) kann die letzte Silbe eines Verses kurz oder lang sein (sogenannte **Syllaba anceps** ‚doppelwertige Silbe', Zeichen: x).

2.5 Da ein Vers gleichsam als ein einziges langes Wort anzusehen ist, gelten die Gesetze für die Bewertung von Längen und Kürzen über die Wortgrenze hinaus. **Positionslänge** entsteht auch, wenn auf einen kurzen Vokal des eines Wortes zwei Konsonanten im gleichen oder nächsten Wort folgen:

Vīvāmús, mea Lésbia (c. 5,1):   **musm** und **Lesb** sind positionslang.

2.6 Ebenso gelten im Vers andere Betonungsregeln als in der Prosa. In ihm liegt bei fallenden Rhythmen die Betonung auf der ersten Silbe des jeweiligen Metrums (´ ˘), bei steigenden auf der letzten des jeweiligen Metrums oder seiner Abschnitte (˘ ´ ˘ ´).

Der Versakzent heißt **Iktus** („Schlag"). Durch den Kontrast von gewohnter Prosabetonung (Akzent) und Versbetonung (Iktus) entstehen oft neue Wirkungen, zumal dann, wenn man feststellt, daß im Vers gerade die Silben betont werden, die bei prosaischem Lesen ohne Betonung sind:

Dícebás quōndám sōlúm tē nósse Catúllum (c. 72,1):

erst am Schluß stimmen Iktus und Akzent überein.

Dílēxī́ tum tḗ nōn tántum, ut vúlgus amícam (c. 72,3):

dilexi ist hervorgehoben durch stark von der Prosa abweichende Betonung.

Berücksichtigt man jedoch, daß die Römer grundsätzlich mit musikalischem Akzent sprachen, erscheint die Abweichung vielleicht weniger groß.

2.7 Was schon in der Prosa berücksichtigt wurde und beim normalen Sprechen üblich war, wurde im Vers regelmäßig: Geht ein Wort auf einen Vokal aus und beginnt das nächste mit einem Vokal, so verschmelzen die beiden Vokale miteinander. Das heißt **Synaloephe** („Verschmierung"). Bei der Synaloephe gibt es verschiedene Möglichkeiten.

2.7.1 Beide Vokale sind noch zu hören, der erste aber nur ganz kurz. So war es in der Zeit vor Catull.

Nam qui̯ ămat ...: man spricht qui̯ statt qui.

2.7.2 Der auslautende (erste) Vokal wird unterdrückt; dies heißt **Elision** („Ausstoßung") und ist die Regel.

vīvāmús, mĕā Lésbi̯ă, átqu(e) ămēmŭs (c. 5,1).

2.7.2.1 Berücksichtigen muß man auch hier, daß h kein Buchstabe ist (vgl. 1.5):

séd circúmsíli̯ḗns mŏd(o) hūc, mŏd(o) illūc (c. 3,9).

2.7.2.2 Ebenso muß man wissen, daß auslautendes -am, -em, -im, -om, -um der Elision unterworfen ist, weil auslautendes m tonschwach war, vielleicht sogar eine Nasalierung des vorausgehenden Vokals bewirkte wie im Französischen.

vísam te íncŏlŭm̆ĕm̆ aúdĭámque H̸ĭbérŭm (c. 9,6),

quícum lúdĕrĕ, qu̸ĕm̆ ín sĭnú tĕnérĕ (c. 2,7),

nunc ĭ̸ăm̆ íllă nón vult: tú quŏqu̸ĕ, ínpŏténs, nólí (c. 8,9)
       j

2.7.3 Der anlautende (zweite) Vokal wird nicht gesprochen (**Aphairesis**, ,Wegnahme'). Diese ,umgekehrte Elision' wird angewendet, wenn das zweite Wort eine mit e beginnende Form von esse ist.

ét quantúm ̸est hŏmĭnúm vĕnústĭórŭm (c. 3,2),

Ótōnís căpŭt óppĭdó ̸est pŭsíllŭm (c. 54,1).

2.8 Die Gesetze der Synaloephe werden zum Teil auch auf das Wortinnere übertragen: Bisweilen werden zwei Silben, von denen die eine vokalisch auslautet, die andere vokalisch anlautet, als eine gewertet und entsprechend gelesen; dies heißt **Synizese** (griechisch syn-izesis ,das Zusammen-auf-eins-Setzen').

deín mílle áltĕră, deín sĕcúndă céntŭm (c. 5,8).
djín   djín

2.9 Bisweilen werden unbetonte Längen doch als Kürzen gewertet, und zwar wenn sie einer Kürze folgen; dies ist die sogenannte **Iambenkürzung** (aus ⌣ ´ wird ⌣ ⌣).

díc nōbís: vŏlŏ te ác tŭŏ́s ămórēs (c. 6,16):

vŏlŏ statt vŏlō.

n̸ăm̆ únguentúm dăbŏ, quód mĕăḗ pŭéllāē (c. 13,4):

dăbŏ statt dăbō.

2.10 Beliebig lang aushaltbare Konsonanten können manchmal allein eine Längung bewirken (z. B. auslautendes s). Das gilt ebenso für die Kombination **Muta + Liquida** (vgl. dagegen 1,3);

sīve in éxtrēmŏ́s pĕnĕtrăbĭt Índōs (c. 11,2):
netr kurz.

át vōbís mălĕ sít, mălăḗ tĕnébrāē (c. 3,13):
nebr als lang gewertet.

2.11 Bisweilen werden jedoch an sich zu verschmelzende Wortausgänge und -anfänge getrennt gelesen. Es würde so ein **Hiát** entstehen, d. h. ein ,Mundaufsperren' (hiātus), der Übergang von einem Vokal zum nächsten. Jedoch sind hier in der Regel Pausen im Vers vorgesehen (vgl. 4).

ó factúm mălĕ! | ó mĭséllĕ pássĕr! (c. 3,16),

gúttīs ábsterstí | ómnĭbŭs ártĭcŭlís (c. 99,8).

3. **Die bei Catull (in der Auswahl dieser Ausgabe) vorkommenden Versmaße**

Vorbemerkungen
(a) Rhythmisches Lesen ergibt sich fast von selbst, wenn man nicht zu schnell liest und **alle natur- oder positionslangen Silben deutlich langsamer** als die kurzen Silben liest. Berücksichtigt man diesen Hinweis, so erübrigt sich fast ein Lernen der Versmaße.
(b) Ein Gefühl für den Rhythmus der einzelnen Versmaße wird außer durch Berücksichtigung des Hinweises (a) und durch Übung durch das **Auswendiglernen** eines Beispiels erreicht.
(c) **Versanalysen** können zwar das richtige Lesen fördern, dienen aber vor allem dem Erkennen besonderer Charakterzüge einzelner Verse (z. B. bewirken viele Längen Langsamkeit und Nachdrücklichkeit, viele Kürzen Schnelligkeit und Leichtigkeit, viele Synaloephen den Eindruck schneller oder gar überstürzter Äußerung, viele Pausen den Eindruck des Zögerns oder der Nachdrücklichkeit).

3.1 Der **daktylische Hexámeter** („Sechsmaß") besteht aus sechs Einheiten, die jeweils aus insgesamt zwei Längeneinheiten bestehen; jedoch kann die jeweils zweite Länge durch zwei (zusammen gleich lang dauernde) Kürzen ersetzt sein, was in der fünften Einheit die Regel ist. In der sechsten Einheit ist die zweite Hälfte eine Kürze oder eine Länge, so daß sich ein angenehm ausschwingender Schluß ($-\smile\smile-$ oder $-\smile-\smile$) ergibt.

Das ‚Schema' des Hexameters ist also: $\acute{-}\smile\smile\,\acute{-}\smile\smile\,\acute{-}\smile\smile\,\acute{-}\smile\smile\,\acute{-}\smile\smile\,\acute{-}\,x$

Zu den Pausen vgl. 4.2.

3.2 **Elegisches Distichon** (vor allem in Elegien vorkommender ‚Zweizeiler'): Oft kommen Hexameter und **Pentámeter** im Wechsel vor, bilden also jeweils eine Einheit von zwei Versen; das heißt Distichon, genauer — da diese Zusammenstellung für Epigramme und Elegien charakteristisch ist — elegisches Distichon. Der Pentameter ist ein Hexameter, dessen dritte und sechste Einheit jeweils um die zweite Hälfte verkürzt sind. Äußerlich gesehen entsteht so ein Versmaß, das um zwei halbe Einheiten = eine ganze Einheit kürzer ist (Pentameter = Fünfmaß). Dennoch hat aber der Pentameter wie der Hexameter sechs Tonstellen, nämlich jeweils auf der ersten Länge einer Einheit:

$\acute{-}\smile\smile\,\acute{-}\smile\smile\,\acute{-}\,|\,\acute{-}\smile\smile\,\acute{-}\smile\smile\,\acute{-}$

Im Pentameter treffen also in der Mitte vor und nach einer Pause zwei Tonstellen zusammen, und nur in der vorderen Hälfte können Kürzen durch Längen ersetzt werden.

3.3 **Hendecasýllabus** (Elfsilbler):
$\acute{-}\,-\quad\acute{-}\smile\smile\,\acute{-}\smile\,\acute{-}\smile\,\acute{-}\,\smile$
$\acute{-}\,\smile$
$\smile\,\acute{-}$

Schildern Sie den gezeichneten Aufbau des Verses mit Hilfe Ihrer Kentnisse aus 1.1–2.11 und nach dem Beispiel von 3.1 und 3.2.

3.4 **Sapphische Strophe** (von der griechischen Dichterin Sappho von der Insel Lesbos, 7. Jh. v. Chr., gern verwendet): sie besteht aus jeweils **drei Elfsilblern** und **einem Adonéus** (dem Vers der Klage um den toten Adonis, einen Liebling der Venus: ó ton Adónin 'ách, (der) Adónis).

— ᴗ — ᴗ — ᴗᴗ — ᴗ — ᴗ
— ᴗ — ᴗ — ᴗᴗ — ᴗ — ᴗ
— ᴗ — ᴗ — ᴗᴗ — ᴗ — ᴗ
— ᴗᴗ — ᴗ

Vgl. Aufgabe zu 3.3.

3.5 **Glyconeische Strophen** bestehen aus jeweils **drei Glyconéi** (nach dem griechischen Dichter Glykon, dessen Lebenszeit unbekannt ist) und **einem Pherekratéus** (nach dem griechischen Komödiendichter Pherekrates, 5. Jh. v. Chr.). Zentrales Element dieser Versmaße ist ein Choriambus (vgl. 2.2). Im Pherekrateus ist im letzten Element eine Silbe gegenüber dem Glykoneus verschwunden.

Glykoneus: ≍ ≍ | — ᴗᴗ — | ᴗ ≍
Pherekrateus: ≍ ≍ | — ᴗᴗ — | ≍

3.6 **Asklepiadéus maior** (gern von Asklepiades, griechischem Dichter um 300 v. Chr., verwendet, der außerdem noch einen ähnlichen, aber kürzeren (minor) Vers verwendete).

— — — ᴗᴗ — | — ᴗᴗ — | — ᴗᴗ — ᴗ

Vgl. Aufgabe zu 3.3.

3.7 Der **iambische Trimeter** („Dreimaß") besteht aus drei Doppeljamben:

ᴗ — ᴗ — ᴗ — ᴗ — ᴗ — ᴗ —

Drei Kürzen können durch Längen, die letzte Länge kann durch eine Kürze ersetzt werden. Das Versmaß hat also vier syllabae ancipites.

3.8 Der **Hinkiambus** stimmt mit dem iambischen Trimeter (vgl. 3.7) überein, jedoch ist die vorletzte Silbe lang, so daß gerade am wichtigen Schluß der Rhythmus seinen Charakter ändert.

ᴗ — ᴗ — ᴗ — ᴗ — ᴗ — — ᴗ

4. **Pausen und Enjambement**

4.1 Die meisten Versmaße haben an festen oder bevorzugten Stellen **Pausen**, das heißt: dort ist regelmäßig **Ende eines kleinen Satzabschnittes**, wenigstens aber Wortende. Eine Pause wird bei der Analyse durch | gekennzeichnet. Sie kann sein

EXEMPLA · Lateinische Texte

Herausgegeben von Hans-Joachim Glücklich

Heft 1

Catull · Gedichte

Mit Erläuterungen, Arbeitsaufträgen
und Begleittexten

von Hans-Joachim Glücklich

Teil II: Arbeitsaufträge, Begleittexte und Stilistik

2., durchgesehene Auflage

V&R

Vandenhoeck & Ruprecht in Göttingen

Inhalt

Arbeitsaufträge und Begleittexte 3
Stilistik 32

ISBN 3-525-71600-1 (Teile I/II zusammen)
ISBN 3-525-71602-8 (Teil I einzeln)
ISBN 3-525-71603-6 (Teil II einzeln)

2. Auflage 1986
© Vandenhoeck & Ruprecht in Göttingen 1980. Alle Rechte vorbehalten. Die Vervielfältigung und Übertragung auch einzelner Textabschnitte, Bilder oder Zeichnungen ist — mit Ausnahme der Vervielfältigung zum persönlichen und eigenen Gebrauch gem. §§ 53,54 URG — ohne schriftliche Zustimmung des Verlages nicht zulässig. Das gilt sowohl für die Vervielfältigung durch Fotokopie oder irgendein anderes Verfahren als auch für die Übertragung auf Filme, Bänder, Platten, Arbeitstransparente oder andere Medien. — Printed in Germany. Druck: Hubert & Co., Göttingen.

1 A

1. Welche Wörter bezeichnen den Zustand des *libellus*? Was können sie übertragen über Entstehung und Qualität von C.s Gedichten sagen?
2. (a) Worin stimmen C. und Cornelius Nepos überein, worin unterscheiden sie sich? — (b) Nennen Sie alle Gründes, weswegen C. seinen *libellus* Nepos widmet.
3. Warum erhofft sich C. für sein Werk ewige Dauer? An welches Publikum denkt er dabei? Vgl. Einleitung zum Textband unter 5.
4. Th. Wilder setzt C.s Leiden an seiner unglücklichen Liebe voraus, wenn er ihn 1 B 1 sagen läßt. Was meint dann in 1 B 1 jeweils ‚schmähen', und worin liegt Wilders Meinung nach der Anlaß zu C.s poetischer Arbeit? Vgl. 8 B 1.

1 B

1. Der Roman ‚Die Iden des März' des amerikanischen Schriftstellers Thornton Wilder erschien 1948. Er besteht aus erfundenen Briefen, Dokumenten und Berichten (z. B. Polizeiberichten), die ein Bild Caesars und seiner Zeit bis zu seiner Ermordung an den Iden des März (d. i. der 15. März) des Jahres 44 v. Chr. vermitteln sollen. Viele Zeitgenossen kommen in den erfundenen Briefen zu Wort. Thornton Wilder läßt viele Interpretationen antiker Werke in seine Deutung Caesars einfließen. Caesar erscheint als gebildeter, weiser und nachdenklicher Herrscher mit dem Mut zur Verantwortung. Eine besondere Rolle spielt dabei Catulls Haß gegen ihn. In der Darstellung Wilders schätzt nämlich Caesar Catull sehr und sieht in ihm einen fast kongenialen Menschen, der auf dem Gebiet der Dichtung Ähnliches bewirkt wie er auf dem Gebiet der Politik.
In einem fingierten Brief Catulls an Clodia (Brief XIII des Romans) heißt es: ‚Ich kann nicht mir Dir untergehen, weil mir noch eins zu tun bleibt. Ich kann noch immer dieses Weltall schmähen, das uns schmäht. Ich kann es schmähen, indem ich etwas Schönes schaffe. Das werde ich tun; und dann der langen Kreuzigung des Geistes ein Ende machen.'

2 A

1. Sammeln Sie im Gedicht alle Ausdrücke, die grundsätzlich oder im Zusammenhang dieses Gedichts in den Bedeutungsbereich ‚Liebe und Erotik' gehören. Erläutern Sie die Ausdrücke mit Hilfe der Vokabelangaben oder eines guten Wörterbuchs.
2. (a) Welche Ausdrücke verwendet C. (1) für sein Mädchen, (2) für ihre Liebe, (3) für seine Liebe? — (b) Wodurch unterscheiden sich die Empfindungen des Mädchens und die des Sprechers? Geben Sie inhaltliche und sprachliche Belege.
3. (a) Schildern Sie den Satzbau des Gedichts und ermitteln Sie daraus eine Gliederung.
(b) Welchen Charakter haben die einzelnen Abschnitte (z. B. impulsiv, besinnlich, ernst, heiter, traurig) und was ergibt sich somit als Gesamteindruck des Gedichts?
• (c) Lesen Sie das Gedicht entsprechend dem Charakter der einzelnen Abschnitte (z. B. laut/leise, schnell/langsam).

3 A

1. (a) Versuchen Sie eine Gliederung des Gedichts.
   (b) Welche Ursachen und Folgen des Todes des Sperlings werden angegeben?
   (c) Welche Leistungen oder Tätigkeiten des Sperlings zu seinen Lebzeiten werden geschildert?
2. (a) Zeigen Sie die B 1 genannten Elemente der Totenklage in c. 3 auf.
   (b) Welche Punkte der Darstellung erscheinen übertrieben, welche sind humoristisch gemeint?
   (c) Vergleichen Sie mit Ihrem Ergebnis die Definition der Parodie B 2.
- 3. Durch welche sprachlichen, stilistischen und metrischen Besonderheiten wird Ihr Ergebnis bei A 2 unterstützt? (Hinweis: Beachten Sie Wortwahl, Wiederholungen, betonte Voranstellung von Attributen, Sperrungen, auffällige oder gehäufte Synaloephen, Hiate, Homoioptota und Häufung bestimmter Buchstaben.
4. (a) Welches Verhältnis des Sprechers zur puella läßt sich aus dem Gedicht erschließen?
   (b) Welches Verhältnis des Sprechers zur domina läßt sich aus B 3 erschließen?
   (c) Schildern Sie sprachliche und inhaltliche Gemeinsamkeiten und Unterschiede von c. 3 und B 3.
5. Diskutieren Sie die Ausführungen in 3 B 4.

3 B

1. Eine Totenklage (grch. Threnos) weist im allgemeinen mindestens die folgenden Elemente auf: (a) Nennung oder Anrede des Toten; (b) Feststellung seines Todes; (c) Schilderung seiner Verdienste, seiner Leistungen, seines Verhaltens, seines Charakters, meist lobend als laudatio (ehrende Würdigung); (d) Schilderung der Auswirkungen, die sein Tod auf die Lebenden hat.
2. Parodie (eigtl. ‚Gegengesang') ist die verspottende, verzerrende oder übertreibende Nachahmung eines bereits vorhandenen ernstgemeinten Werkes oder einzelner Teile daraus. Bei dieser Nachahmung bleiben Form oder Formulierung des ursprünglichen Werkes erhalten, jedoch wird der Inhalt in einen neuen Zusammenhang gestellt und verändert sich.
3. Eine Marmorplatte aus dem 2. Jh. n. Chr. enthält das folgende Grabgedicht auf eine Hündin namens Myia (‚Fliege'). Die Platte wurde in der Nähe von Auch (das ist Augusta Ausciorum) in Frankreich gefunden. Der Text ist in einer Sammlung lateinischer Gedichte auf Inschriften enthalten: Carmina Latina Epigraphica, conlegit Franciscus Buecheler, Bd. II, Leipzig 1897, Nr. 1512.

    Quam dulcis fuit ista, quam benigna,
    quae, cum viveret, in sinu iacebat
    somni conscia semper et cubilis.
    O factum male, Myia, quod peristi.
5 Latrares modo, si quis adcubaret
    rivalis dominae, licentiosa.
    O factum male, Myia, quod peristi.
    Altum iam tenet insciam sepulcrum,
    nec sevire potes nec insilire,
10 nec blandis mihi morsibus renides.

    Wie süß war sie, wie freundlich,
    die, als sie lebte, im Schoße lag,

Mitwisserin des Schlafes immer und des Lagers.
O des schlimmen Geschehens, Fliege, daß du hingegangen bist!
5 Würdest du nur bellen, wenn irgendein Rivale
bei der Herrin läge, ohne Schranken bellen!
O des schlimmen Geschehens, Fliege, daß du hingegangen bist!
Das tiefe Grab schon birgt dich, die du's nicht mehr merkst.
Weder wüten kannst du noch anspringen
10 noch tust du mir freundlich mit liebkosenden Bissen.

4. Th. Wilder (→ 1 B 1) läßt in seinem Briefroman ‚Die Iden des März' Cicero (über ihn vgl. c. 49) folgendes über C. schreiben (Brief XVII):
‚Die Gedichte an Clodia, und besonders diejenigen, die des Tods ihres Sperlings gedenken, sind nicht ohne Anmut, aber sie haben auch ihre komische Seite. — Ein nicht zu rechtfertigendes Mißverhältnis verbindet Anfänge und Schlüsse dieser Gedichte. — Ein geheimer Gedankengang, eine Ideenverbindung unter der Oberfläche der Zeilen wirkt da im Geiste des Dichters. Es ist Clodias Tod, es ist sein eigener Tod, der hier in dem des Sperlings vorgestellt wird. Wenn wir zu einer Poesie verurteilt sein sollten, die sich auf verborgene Gedankengänge gründet ..., dann wären wir bald der Gnade des Unverständlichen ausgeliefert, das als ein höherer Zustand der Empfindungsfähigkeit unter uns einherstolzieren wird. — Das ist Zusammenhanglosigkeit; das ist der Barbar in uns allen.'

5 A

1. (a) Untersuchen Sie den Satzbau: Welche Abschnitte sind an Unterordnungen (Gliedsätzen) reich und machen den Eindruck der Reflexion — welche sind parataktisch (d. h. mit Gleichordnung von Sätzen oder Satzgliedern) gebaut und machen den Eindruck impulsiven Sprechens?
(b) Gliedern Sie unter Berücksichtigung der gewonnenen Ergebnisse das Gedicht.

2. (a) Welche Besonderheiten der Wortstellung und welche sich daraus ergebenden Erscheinungen fallen Ihnen auf? Welche Gedanken des Gedichts werden dadurch jeweils unterstrichen? Berücksichtigen Sie: abbildende Wortstellung, Alliteration, Nebeneinanderstellung gegensätzlicher Begriffe, Häufungen bestimmter Vokale.
(b) Welche metrischen Eigenarten unterstützen den in 1a und 2a gewonnenen Eindruck? Berücksichtigen Sie Synaloephe/Elision und mögliche Pausen, die man zwischen Wörtern einer Verszeile machen könnte (→ M 2.7.4).

3. (a) Gegen welche Auffassungen der gesetzten Römer verstößt C. in diesem Gedicht? Vgl. B 1.
(b) Begründen Sie das Entstehen der *rumores* (2).
(c) Wie verspottet C. die *senes*? Vgl. V.

4. (a) Wie begründet C. seine Lebensauffassung? Vgl. B 2.
● (b) Worin weichen seine Konsequenzen von denen des Lukrez (B 2) ab?

5. (a) Welche Auffassung von der Liebe zeigt Catull in c. 5?
● (b) Arbeiten Sie Gemeinsamkeiten und Unterschiede zu der Auffassung des Aristophanes (B 3) heraus.
(c) Welche Gefahren seiner Auffassung sieht C.? Vgl. V und B 4.

6. (a) Nennen Sie Vorteile und Nachtei-
● le von C.s Auffassung von der Liebe und seiner Ablehnung überkommener Vorstellungen.
(b) Welche Gefahr besteht für seine Liebe, wenn sich Lesbia seine Auffassung radikal zu eigen machen sollte?

7. Diskutieren Sie 3 B 4 und prüfen Sie,
● wie weit diese Ausführungen auf c. 5 zutreffen.

5 B

1. Bei den Römern spielte die Liebe keine Rolle in der Öffentlichkeit. Auch Ehen wurden nicht zuerst nach dem Gesichtspunkt der Liebe, sondern nach dem des gleichen Standes, des Nutzens, den beide beteiligten Familien daraus ziehen konnten, und ähnlichen Gesichtspunkten geschlossen. Die Wörter *amor* und *amare* bezeichneten in der Zeit vor Catull eher eine Liebschaft, also etwas Leichtes oder leicht Anrüchiges. Wenn Liebesbeziehungen öffentlich besprochen oder schriftlich geschildert wurden, dann entweder zurückhaltend als Achtung und pflichterfüllte Liebe (*pietas*) oder mit moralischem Urteil als unerlaubt oder in einer von vornherein als Spiel sich gebenden Komödie. In Komödien finden sich auch sehr seelenvolle Aussagen zur Liebe, wie sie in Griechenland, wo diese Komödien ihre Vorbilder hatten, möglich geworden waren. Für Römer zu Catulls Zeit galt offiziell immer noch die strenge Auffassung und Lebensform, durch die Rom zu seiner Bedeutung, Macht und Größe gelangt war: Das Leben des Bürgers war in allen Bereichen auf den Dienst am Staat und an seinen Erfordernissen auszurichten. Diese Leistung für den Staat nannten die Römer *virtus*. Zu ihr gehörten z. B. Militärdienst, Übernahme von Führungsaufgaben, Fähigkeit zu wirtschaftlicher Haushaltsführung und Staatsführung, Fürsorge für das wirtschaftliche und moralische Wohlergehen der Familie oder der Bürger, Bewahrung der erfolgreichen Verhaltensnormen früherer Zeiten (der sogenannten *mores maiorum*), Aufrechterhaltung der persönlichen Glaubwürdigkeit und Zuverlässigkeit (*fides*), rastlose Arbeit (*labor*) und voller Einsatz (*industria*), die persönlichen Rang (*dignitas*) und Einfluß (*auctoritas*) begründeten. Wer diese Erwartungen erfüllte, galt als *vir gravis* und war der öffentlichen Zustimmung (*laus, gloria*) sicher, wer gegen sie verstieß, den traf die öffentliche schlechte Meinung (*invidia*) und Mißbilligung.
2. In seinem Lehrgedicht *de rerum natura* („Das Wesen der Welt') stellt der römische Dichter Titus Lucretius Carus im Jahre 57 v. Chr. die physikalischen, theologischen und psychologischen Lehren des griechischen Philosophen Epikur (der 306 in Athen eine Schule begründet hatte) dar. Mit Hilfe der epikureischen Atomlehre will er die Unnötigkeit der Angst vor dem Tod beweisen: nach dem Tod zerfalle auch die Seele und es gebe kein Leben nach dem Tode.
3. In seinem Werk ‚Symposion' („Das Gastmahl') läßt der griechische Philosoph Plato (der ca. 388 in Athen seine Schule, die Akademie, begründete) verschiedene Personen ein Gespräch über das Wesen der Liebe führen. Dabei legt er dem Komödiendichter Aristophanes einen Mythos in den Mund, der etwa folgenden Inhalt hat:
Ursprünglich habe es drei Geschlechter, das männliche, das weibliche und das mannweibliche, gegeben und die Menschen hätten Kugelform gehabt mit einem Kopf, aber zwei Gesichtern, vier Armen, vier Beinen, zwei Geschlechtsteilen. Sie seien sehr mächtig, stark und schnell gewesen und so den Göttern gefährlich geworden. Um sie zu schwächen, ohne sie als Verehrer und Diener zu verlieren, habe Zeus sie halbieren lassen, jeder Schnitthälfte sei dann das Gesicht herumgedreht worden, damit jeder seinen Nabel als Zeichen des Schnittes sehen könne. ‚Nachdem nun die Gestalt entzweigeschnitten war, sehnte sich jedes nach seiner andern Hälfte, und so kamen sie zusammen, umfaßten sich mit den Armen und schlangen sich ineinander, und über dem Begehren zusammenzuwachsen starben sie aus Hunger und sonstiger Untätigkeit, weil sie nichts getrennt voneinander tun wollten. Da erbarmte sich Zeus und gab ihnen ein anderes Mittel an die Hand, indem er ihnen die Schamteile nach vorn verlegte, denn vorher trugen sie auch diese nach außen ... Nun aber verlegte er sie ihnen nach vorne und bewirkte durch sie das Erzeugen ineinander, in dem Weiblichen durch das Männliche, des-

halb, damit in der Umarmung, wenn der Mann eine Frau treffe, sie zugleich erzeugten und Nachkommenschaft entstehe, wenn aber ein Mann den andern, sie doch eine Befriedigung hätten durch ihr Zusammensein und erquickt sich zu ihren Geschäften wenden und, was sonst zum Leben gehört, besorgen könnten. Von so langem her also ist die Liebe zueinander den Menschen angeboren, um die ursprüngliche Natur wiederherzustellen, und versucht, aus zweien eins zu machen und die menschliche Natur zu heilen.'

Jede Hälfte suche ihr ursprüngliches Gegenstück, Hälften von ursprünglich mannweiblichen Kugelmenschen einen Partner anderen Geschlechts, Hälften von ursprünglich weiblichen oder männlichen Kugelmenschen einen Partner des gleichen Geschlechts. Träfen sie ihr Gegenstück, wollten sie ihr Leben lang mit ihm verbunden sein und könnten nicht einmal sagen, warum. Grund für den Wunsch nach ‚dauernder Verschmelzung mit dem Geliebten' sei nicht der Liebesgenuß, sondern ‚daß unsere ursprüngliche Beschaffenheit diese war und wir ganz waren; und dies Verlangen und Trachten nach dem Ganzen heißt Liebe' (Referat nach Plato, Symposion 189 d—192 e, Übersetzung von F. Schleiermacher).

4. Zwei Auffassungen prägten das Verhalten der Griechen gegenüber ihren Göttern: (a) Die Vorstellung vom *Neid der Götter* (phthónos theôn): Die Götter als die Mächtigeren achten genau darauf, daß kein Mensch zu mächtig und zu glücklich wird, das sehen sie als Überschreitung der Grenze zwischen Mensch und Gott an, und dagegen schreiten sie mit schweren Strafen, Schicksalsschlägen, ein. Ein wesentlicher Zug der mit dem delphischen Gott Apoll verbundenen ethischen Normen bestand darin, daß der Mensch sich dieser Grenze bewußt sein müsse (‚Erkenne dich selbst, nämlich daß du ein sterblicher, begrenzter Mensch bist'). — (b) Die Vorstellung von der *Hybris:* Vor allem Menschen in herausragender Stellung und mit Macht und Glück neigen zur Selbstüberschätzung und zum Frevel (Hybris), indem sie den Göttern gleichzustehen meinen; die Hybris wird regelmäßig bestraft.

6 A

1. (a) Welche Absicht verfolgt Catull mit diesem Gedicht gegenüber Flavius? — (b) Auf welche Weise sucht er diese Absicht durchzusetzen? — (c) Gliedern Sie das Gedicht entsprechend in drei Abschnitte.

2. (a) Welche Möglichkeiten der Sprache und der Dichtung werden durch das Gedicht und in ihm gezeigt? Vgl. Einl. 5 und 8. — (b) Welche verschiedenen Eindrücke könnte oder kann der Leser/Hörer des Gedichtes von der Liebe des Flavius bekommen, und wovon hängt dies ab?

3. Welche Wiederaufnahmen und Veränderungen von Ausdrücken und Gedanken gibt es in dem Gedicht? Wie lassen sie sich erklären?

4. Stellen Sie stilistische Besonderheiten zusammen und deuten Sie sie in ihrer Wirkung. Berücksichtigen Sie Wortstellung (Hyperbaton, Chiasmus, Alliteration, Enjambement, Oxymoron (→ S und M).

5. Welche obszönen Ausdrücke und
● Wendungen lassen sich feststellen? Welche Aufgabe haben sie im Zusammenhang? Unterscheiden Sie die Wirkung auf Flavius und die Wirkung auf den Leser. Vgl. 29 B 1.

6. Welche menschliche Schwäche zeigt
● das Gedicht, welche Umweltbedingungen können ein Liebesverhältnis stören? Vgl. dazu 5,10—13 und 7,7—12.

7 A

1. (a) Warum sagt Catull v. 1 *basiationes*, nicht *basia*?
   (b) Warum kann Catull v. 9 ohne Sinnveränderung gegenüber v. 1 das Wort *basia* verwenden? (Hinweis: *basiatio* und *basia* bedeuten nicht ein und dasselbe.)
2. Interpretieren Sie folgende Ausdrücke aus dem Zusammenhang des Gedichts:
   (a) *cum tacet nox* 7;
   (b) *furtivos* 8;
   (c) *vesano* 10.
   Warum hat Catull diese Informationen gegeben?
3. (a) Welcher Vergleichspunkt ergibt sich in 3–10 als tertium comparationis? Vgl. B 1.
   (b) Welche zusätzliche Charakterisierung erhalten die *basiationes* durch die in den Vergleichen gegebenen Schilderungen?
4. Welche Funktion haben die Verse 11–12 im Gedicht?
5. (a) Welche Gemeinsamkeiten und Unterschiede bestehen zwischen c. 5 und c. 7?
   (b) Welches Gedicht hat eine einheitlichere Stimmung? Begründung?
6. Welche Auffassung von der Liebe ergibt sich aus c. 7 und c. 5? Berücksichtigen Sie (a) Einfluß persönlicher Empfindungen, (b) Einfluß anderer Menschen und gesellschaftlicher Verhältnisse, (c) Bezug auf Gott, Götter, Außermenschliches.
7. Lesen Sie die in B 2 abgedruckten Urteile über Catull und seine Gedichte 5 und 7 und notieren Sie sich Beobachtungen und Gedanken zu folgenden Fragen:
   1. Nach welchen Gesichtspunkten beurteilt jeder Autor den Dichter und die Gedichte oder worauf führt er bestimmte Erscheinungen, Themen oder Gestaltungen zurück?
   2. Sind die Gesichtspunkte mehr genommen aus
      (a) dem Wortlaut des Gedichts;
      (b) aus anderen Werken;
      (c) aus dem bekannten oder vermuteten Leben und Erleben des Dichters;
      (d) aus den bekannten oder vermuteten gesellschaftlichen Verhältnissen zur Zeit Catulls;
      (e) aus dem Erleben des Interpreten;
      (f) aus den gesellschaftlichen Verhältnissen zur Zeit des Interpreten?
   3. Welche Urteile könnte man in eine Gruppe zusammenfassen? Wie könnte man die Gruppe jeweils benennen? (Beispiele: werkbezogene, biographische, soziologische, motivgeschichtliche Interpretation.)
   4. Welche Urteile gehören mehreren Gruppen an und warum?
   5. Welche Behauptungen erscheinen Ihnen
      (a) zutreffend,
      (b) fraglich,
      (c) falsch
      und warum?
   6. Gibt es Urteile, die sich selbst oder anderen Urteilen widersprechen? Welche sind es?

Vorschlag für eine Aufstellung zu den Fragen 1–3:

Urteil Nr. /Autor	Gesichtspunkte des Urteils	Herkunft der Gesichtspunkte	Bezeichnung / Gruppe

Ergänzen Sie diese Aufstellung bei der Behandlung weiterer Catullgedichte durch Analyse eigener und fremder Urteile (z.B. von Lehrer, Mitschülern, Autoren von Interpretationen).

7 B

1. In der antiken Lehre vom Vergleich (*comparatio*) unterscheidet man
   (1) das primum comparationis, d. i. die Person oder Sache, zu der ein Vergleich herangezogen wird;
   (2) das secundum comparationis, d. i. die verglichene Person oder Sache;
   (3) das tertium comparationis, d. i. das Gemeinsame im primum und im secundum comparationis.
   Ein Vergleich bewirkt aber auch eine Reihe von Stimmungen und Vorstellungen im Leser. Dadurch wird sein Denken, Fühlen und Urteilen beeinflußt und ein zusätzliches Mittel zur Charakterisierung dargestellter Personen oder Vorgänge gewonnen.

2. Urteile zu Catulls Dichtung unter besonderer Berücksichtigung der Gedichte 5 und 7:
   1. Already in line 2 the simple, direct lyricism of the opening line gives way to a deftly manipulated irony. The following lines develop each of the ideas in the opening triad: 4—6 = vivamus — thoughts of death urge us to make the most of life; 7—9 = amemus; in 10—13 (the longest of these three sections, just as the third member of the opening triad is the longest) we return to the senes severiores — steps will be taken to confound their curiosity.
   (Kenneth Quinn: Catullus. The Poems. Edited with Introduction, Revised Text and Commentary, London. Basingstoke (Macmillan) 1970, S. 107 f.)

   2. Die eigentlich lyrischen und die iambischen Gedichte halten sich mit richtigem Tacte von allen gelehrten Anspielungen fern und sind unmittelbare Ergüsse eines erregten Gefühls, in Liebe oder Haß, daher auch bald von wohlthuender Wärme bald von ätzender Bitterkeit. Der kolossale Realismus der aus so vielen spricht ist theils römisch und republikanisch theils Ausfluss der tiefen Verstimmung welche die schmerzlichen Erfahrungen mit Lesbia zurückgelassen hatten.
   (W. S. Teuffel: Geschichte der römischen Literatur, Leipzig (Teubner) [3]1875, S. 425)

   3. Nos. 5 and 7 are outbursts of wild amorous passion; Catullus is obviously Lesbia's favoured lover.
   (H. J. Rose: A Handbook of Latin Literature from the Earliest Times to the Death of St. Augustine, London (Methuen) [2]1949, S. 141)

   4. Die Aufforderung zum Lebens- und Liebesgenuß, seit Mimnermos ein beliebtes Thema der Dichtung, ist in der üblichen Weise durch die Kürze des Lebens begründet, aber durch das Kußmotiv in origineller Weise erweitert.
   (W. Kroll: C. Valerius Catullus, herausgegeben und erklärt, Stuttgart (Teubner) [3]1959, S. 11)

   5. Das unterscheidende Merkmal der epigrammatischen Gedichte Catulls in Hinsicht auf ihre Aussageform bleibt doch das reflektierende Gedankenspiel. Der Dichter spricht, auf das Ganze gesehen, aus dem fixierten Subjekt dessen, der von außen beobachtet und feststellt, nicht aus dem bewegten Subjekt des Betroffenen. Dabei handelt es sich in den Gedichten um Lesbia, die uns hier vor allen angehen, um niemand anderen als Catull selbst. Seine leidenschaftliche Liebe zu der Claudierin steht im Verborgenen hinter den Worten des Gedankenspiels und ist zugleich Gegenstand der Reflexion. Und sie ist offenbar ernster zu nehmen, zielt höher und geht tiefer als die Liebe zu den Hetären, die das Thema vieler griechischer Epigramme abgibt. Nun ist es ein höchst paradoxes Verhalten, sich selbst und seinem leidenschaftlichsten, ernstesten Zustand gegenüber die Rolle dessen zu spielen, der im überlegenen Formulieren sein Genügen findet.

Die Lesbia-Gedichte dieser Form leben aber gerade von dieser Vereinigung starker Leidenschaft und nicht weniger starker künstlerischer Lust am logischen Gedankenspiel, am Formulieren des Schwierigen, Widersprüchlichen. Eines scheint das andere zu steigern. Jedenfalls bleibt das formale Anliegen wesentlich trotz dem gefährlichen, mit vollem Einsatz gespielten Spiel um Lesbia.
(Fr. Klingner: Catull, in: Fr. Klingner: Römische Geisteswelt, München (Ellermann) [5]1965, S. 221 f.)

6. In erster Linie gehören sie (sc. die Lesbia-Gedichte) der Tradition der Paraliteratur an. Sie sind eine leidenschaftliche und doch elegant kultivierte Verkündigung der Liebschaft des Dichters mit der Frau eines anderen Mannes, dargeboten stets mit einem Hauch Ironie, einem ironischen Zurschaustellen der doctrina, die dem Ganzen einen geistreichen Anstrich verleiht, ohne je völlig die dicht unter der Oberfläche liegenden Gefühle zu verdecken. Am Anfang steht die gewollte Hingabe an eine Illusion (c. 5).
(K. Quinn: Die persönliche Dichtung der Klassik, in: M. Fuhrmann (Hrsg.): Römische Literatur, Frankfurt am Main (Akademische Verlagsgesellschaft) 1974 (Neues Handbuch der Literaturwissenschaft, Band 3), S. 219 f.)

7. Als lyrischer Dichter hat er in der sanftern Gattung viel Vortreffliches, viel Feinheit der Empfindung und des Ausdrucks; nur war er gegen den schon verderbten Geschmack seines Zeitalters zu nachgiebig, und verletzte nicht selten Wohlstand und Sittsamkeit.
(J. J. Eschenburg: Handbuch der klassischen Literatur, Berlin, Stettin (Nicolaische Buchhandlung) [6]1816, S. 295)

8 A

1. Beobachten Sie die verwendeten Tempora, Modi, Satzarten (Aussage-, Wunsch-, Fragesatz) und Satzlängen und interpretieren Sie den Befund jeweils für das gesamte Gedicht.
2. Welche Wörter oder Wortfelder werden häufig verwendet und mit welcher Wirkung?
3. Kommt Catull dem eingangs geäußerten Wunsch an sich selbst nach? Begründen Sie Ihre Antwort aus dem Text.
4. Versuchen Sie eine Gliederung des Gedichts und begründen Sie sie.
5. Welchen Eindruck bewirkt das Versmaß, das mit dem jeweils abschließenden Hinkjambus den Zeilenenden einen besonderen Nachdruck verleiht (z. B. Misér Catúlle, désinás ineptíre)?
6. Vergleichen Sie Gedicht 8 mit Gedicht 51 und mit Gedicht 5 auf Gemeinsamkeiten und Unterschiede.
7. (a) Th. Wilder (B 1) macht sich den Umstand zunutze, daß der Autor Catull die lebende und leidende Person Catull, sich selbst, anspricht. Versuchen Sie, die drei Fragen am Schluß von B 1 zu beantworten.
(b) Worin haben 1 B 1 und 8 B 1 eine Gemeinsamkeit?
(c) Welche Auffassung von Dichtung spricht aus Ciceros Urteil und welche andere ließe sich dagegen stellen?

8 B

1. Thornton Wilder läßt in seinem Briefroman ‚Die Iden des März' (→ 1 B 1) den Historiker Cornelius Nepos (dem Catull seine Gedichte in c. 1 widmet) folgendes in sein Tagebuch schreiben (XXVI B): „Findest du es nicht außerordentlich", fragte ich, „daß Catullus diese Gedichte von Hand zu Hand gehen läßt? Ich kenne kein früheres Beispiel einer so freimütigen Selbstenthüllung."
„Da ist alles außerordentlich", erwiderte Cicero, zog die Brauen hoch und senkte die Stimme, als versuchte jemand, uns zu belauschen. „Hast du bemerkt, daß er beständig ein Zwiegespräch mit sich selbst führt? Wer ist diese andre Stimme, die ihn so oft anredet, — diese Stimme, die ihn mahnt, ‚es zu ertragen' und ‚sich zusammenzuraffen'? Ist sie sein Genius? Sein anderes Ich? O mein Freund, ich widerstehe dieser Art von Poesie, solange ich kann. Sie hat etwas Unschickliches. Entweder ist's das rohe Erleben, das noch nicht genügend seine Umwandlung in Poesie vollzogen hat, oder es ist eine neue Art von Empfindungsvermögen. Seine Großmutter, so höre ich, war aus dem Nordland; vielleicht sind das die ersten Lüftchen, die von den Alpen auf unsre Literatur wehn. Sie sind nichts Römisches. Diesen Versen gegenüber weiß ein Römer nicht, wo er den Blick hinwenden soll; ein Römer errötet da. Und es ist nicht griechisch. Auch schon früher haben uns Dichter von ihrem Leid erzählt, doch ihr Leid ist durchs Besingen schon halb geheilt. Hier aber — hier findet sich keine Linderung. Dieser Mann scheut sich nicht, einzugestehn, daß er leidet. Vielleicht weil er sein Leid im Zwiegespräch mit seinem Genius teilt. Aber was ist dieses andre Ich? Hast du eins? Hab ich eins?"
(Genius: *die wie eine Person angesehene Lebenskraft, die nach römischer Auffassung das Leben jedes Mannes begleitet und mit ihm stirbt.*)

9 A

1. Gliedern Sie das Gedicht in drei Abschnitte. Welches Thema hat jeder Abschnitt jeweils?
2. Warum gibt Catull nach der Frage *venistine domum* noch die weiteren Erläuterungen der vv. 3—4?
3. Versuchen Sie Catulls Verhältnis zu Veranius zu schildern und zu kommentieren, eventuell im Vergleich mit c. 50. Berücksichtigen Sie Einleitung Abschnitt 3 sowie 48 B 5.

10 A

1. Stellen Sie inhaltliche und sprachlich-stilistische Anhaltspunkte dafür zusammen, daß sich in dem Gedicht zeigen (a) Aufschneiderei, (b) Verlegenheit, (c) Wut, (d) Selbstironie.

11 A

1. Beobachten Sie den Satzbau. Was fällt auf?
2. Lassen sich Inhalte verschiedener Sprachniveaus und verschiedene Gefühle feststellen? Welche? Werten Sie auch stilistische Beobachtungen aus; vgl. insbesondere S 11, 17, 48, 49.

- 3. Was fällt am Verhältnis von Inhalt und Versmaß (→ M 3.4) auf?
- 4. Vgl. Sie c. 11 mit c. 51. Berücksichtigen Sie: Länge, Gliederung, Wechsel des Inhalts, Stellung von Sapphozitaten im Ablauf des Gedichts (vgl. 11 B 1).
5. Worin zeigt sich das gegenwärtige Unvermögen des Sprechers, die Situation geistig-seelisch zu bewältigen?

11 B

1. Die ersten drei Strophen von c. 11 könnten als Beispiel gelehrten Dichtens in hellenistischer Manier angesehen werden (→ Texteinleitung unter 6). — Das Schlußbild von der geknickten Blume am Wiesenrand läßt sich erstmals bei der griechischen Dichterin Sappho (ca. 600 v. Chr.) nachweisen.

16 A

1. Gliedern Sie das Gedicht. Berücksichtigen Sie: Inhalt, Wiederholungen, Wortstellung (Satzbau), persönlich-subjektive oder sachlich-objektive Darstellung.
2. Welche Wirkung können stilistische Mittel in diesem Gedicht haben, z. B. Wortstellung, Wiederholungen, bestimmte Satzarten, Alliterationen?
3. C. wehrt sich gegen den Vorwurf *male mas* und beansprucht wohl, *pudicus* zu sein. Womit will C. den Vorwurf widerlegen, womit den Anspruch begründen?
4. Worin widersprechen sich die einzelnen Gedichtabschnitte, worin stimmen sie überein? Was kann C. damit zeigen wollen?

24 A

1. Welche zwei Auffassungen über die Auswahl des Geliebten zeigt das Gedicht?
2. Welche Auffassung erscheint im Gedicht als selbstverständlich, welche als krampfhaft verteidigt? Berücksichtigen Sie Wiederholungen, inhaltliche Widersprüche, stilistische Mittel der Hervorhebung.
3. Worin stimmen c. 24 und 24 B 1 überein, welche äußeren Umstände sind anders (beteiligte Personen, Interessen)? Charakterisieren Sie entsprechend Ziel und Technik des Gedichts.
4. Untersuchen Sie die Verwendung der Demonstrativpronomina (*hic* meint etwas im Umkreis des Sprechers, *iste* etwas im Umkreis des Angesprochenen, *ille* etwas bei einem Dritten oder auf jeden Fall nicht direkt bei Sprecher und Angesprochenem Befindliches). Welche ‚Bewegung' innerhalb des Gedichts ergibt sich?

24 B

1. Für die römische Heirat spielte — wenigstens in den gehobenen Schichten — die finanzielle Ausstattung der Partner eine wichtige Rolle. Man kann dies an vielen Komödien sehen, wo sich Väter gegen die Liebe ihres Sohnes zu einem mittellosen Mädchen zur Wehr setzen. Ein ähnliches Bild zeigt 109 B 1.

29 A

1. (a) Gliedern Sie das Gedicht. — (b) Welches sind die Zielpersonen? — (c) Wie erreicht C., daß das Gedicht als schlüssiger Beweisgang wirkt?
2. Welche Elemente der Invektive sind im Gedicht enthalten? Vgl. B 1.
3. Beobachten Sie stilistische Mittel — z. B. Alliterationen, Klangwirkungen, Metonymie, Satzarten, Wiederholungen und Anaphern — und versuchen Sie, sie inhaltlich zu deuten.
4. (a) Nach welchen Maßstäben müßte ein Politiker beurteilt werden? Berücksichtigen Sie B 2 und 3. — (b) Wodurch ist c. 29 geeignet, auch unter Berücksichtigung politischer Maßstäbe Caesar zu schaden? — (c) Diskutieren Sie B 3.
5. Worin liegt nach Th. Wilders Interpretation die Ursache für C.s Enttäuschung über Caesar und worin unterscheiden sich also C.s Auffassung (B 4) und die Caesars (B 3)?

29 B

1. Schon die griechische Rhetorik (Lehre von der Redekunst) hatte für die Invektive ('Schmährede') die folgenden Gemeinplätze (Topoi) als üblich und möglich zusammengestellt: (a) Unedle Abstammung (z. B. der Vater sei Sklave, die Mutter Prostituierte). — (b) Nichtgriechische Herkunft. — (c) Entehrendes Gewerbe. — (d) Vorwurf von Verbrechen. — (e) Sexuelle Vorwürfe. — (f) Haß gegen Vaterstadt und Freunde. — (g) Überhaupt finsteres Wesen. — (h) Äußere Auffälligkeiten, z. B. in Aussehen und Kleidung. — (i) Feigheit vor dem Feind. — (k) Finanzieller Ruin.
2. Thornton Wilder läßt in seinen Briefroman 'Die Iden des März' (→ 1 B 1) Cornelius Nepos — dem Catull sein Gedichtbuch gewidmet hat (vgl. c. 1) — folgendes schreiben (Brief XIV A): Asinius Pollio habe ihm im Dampfbad gesagt:
„Seine Epigramme auf den Diktator sind maßlos heftig, sie sind wüst, aber sie haben keine rechte Spitze. Hast du bemerkt, daß sie alle ohne Ausnahme in obszönen Ausdrücken abgefaßt sind? Caesar anzuprangern, weil er einen unmoralischen Lebenswandel führt und ein paar hohe Beamte sich bereichern läßt, das ist, glaub mir, als würfe man Sand gegen den Wind. Sie haben etwas Kindisches, diese Epigramme; nicht kindisch ist an ihnen nur, daß sie einem unvergeßlich bleiben."
Er hielt seinen Mund dicht an mein Ohr: „Du kennst meine Bewunderung für unsern Herrn. Dennoch sage ich dir: Wer keine schärfere, keine ätzendere Anklage gegen ihn formulieren kann, hat überhaupt noch nicht nachzudenken begonnen ... Nein, nein, ich glaube, es ist nicht zu bestreiten: Catullus hat sich da irgendwelche Gründe zu geschlechtlicher Eifersucht vorphantasiert."
3. Caesar in einem von Thornton Wilder (→ 1 B 1) erfundenen Brief an einen Jugendfreund (Brief VIII): ‚Ich bin es gewohnt, gehaßt zu werden. Schon in früher Jugend entdeckte ich, daß ich der Zustimmung andrer, auch der Besten, nicht bedarf, um mich in meinen Handlungen bestärkt zu fühlen. Ich glaube, es gibt nur eine einzige Einsamkeit, die größer ist als die des militärischen Befehlshabers und des Staatsoberhaupts, und das ist die des Dichters — denn wer vermag ihm zu raten bei dieser ununterbrochenen Folge von Entscheidungen, die ein Gedicht ist? Nur in diesem Sinn ist Verantwortlichkeit Freiheit; je mehr Entscheidungen man allein treffen muß, je mehr ist man sich der Freiheit der Wahl bewußt.
Der endgültige Triumph eines Führers kommt mit der scheuen Ehrfurcht, die in Menschen erweckt wird, wenn sie den Verdacht hegen, aber nie sicher wissen, ob

ihr Führer gegen ihren Beifall nicht gleichgültig ist, gleichgültig und ein Heuchler. Wie? — fragen sie sich — wie? Ist es möglich, daß es in diesem Mann kein solches Schlangennest gibt, wie wir alle es in uns tragen, wie es unser aller Qual und zugleich unsre Wonne ist, dieses Lechzen nach Lob, diese Sucht der Selbstrechtfertigung und Geltungsdrang und Grausamkeit und Neid?
Nicht solche Schlangennester sind, glaube ich, der Grund, daß ich von einem Marcus Brutus, einem Cato gehaßt werde und von diesem Dichter. Tatsächlich entspringt ihr Haß gegen mich ihrem Hirn und ihren Anschauungen von Herrschaft und Freiheit.
Der erste und letzte Lehrmeister des Lebens ist das Leben selbst, und es lernt sich am besten, indem man sich ihm vorbehaltlos und alle Gefahren auf sich nehmend hingibt. Den Menschen, welche das wissen, haben ein Aristoteles und ein Plato viel zu sagen; diejenigen aber, die sich Vorsichtsmaßregeln auferlegt und sich in einem System von Ideen versteinert haben, werden auch von den Meistern nur in die Irre geführt. Brutus und Cato wiederholen immerzu das Wort Freiheit, Freiheit und leben doch nur dafür, andern eine Freiheit aufzuzwingen, die sie sich selbst nicht zugestehn, — starre, freudlose Männer, die ihren Nachbarn zurufen: Seid freudvoll, wie wir freudvoll sind! Seid frei, wie wir frei sind! —
Aber warum sollte Catullus mich hassen? Können große Dichter Entrüstung aus Gefühlen erzeugen, die sie sich aus alten Lehrbüchern geholt haben? Sind große Dichter unverständig in allem außer der Poesie? Können sie sich ihre Meinungen nach den Tischgesprächen im Aemilianischen Spiel- und Schwimmklub bilden? Ich gestehe, mein lieber Freund, daß ich über eine Schwäche erstaunt bin, die ich in mir erwachen fühle, eine betörende Schwäche. Oh, von einem Menschen wie Catullus verstanden zu werden! Gefeiert zu werden von ihm in Versen, die nicht so bald vergessen wären!'

4. In Thornton Wilders ‚Die Iden des März' (→ 1 B 1) läßt der Autor Catull folgenden fingierten Brief an seine Geliebte Clodia schreiben (Brief XIII): ‚Du und Dein Caesar, Ihr seid in diese Welt gekommen, um uns dies zu lehren: Du, daß Liebe und Schönheit der Gestalt Täuschung sind; er, daß auch in den äußersten Reichweiten des Geistes nur die Lust am Ich zu finden ist.'

30 A

1. Gliedern Sie das Gedicht.
2. (a) Wer ist als Sprecher des Gedichts anzunehmen?
   (b) Mit welchen Ausdrücken bezeichnet sich der Sprecher?
3. (a) Mit welchen Ausdrücken wird der Angesprochene bezeichnet?
   (b) Welche Vorwürfe macht der Sprecher mit diesen Ausdrücken?
4. (a) Mit welchen Ausdrücken bezeichnet der Sprecher sein Verhältnis zum Angesprochenen?
   (b) Aus welchem Bereich stammen diese Ausdrücke (vgl. die Vokabelangaben)?
   (c) In welchen anderen Ausdrücken zeigt sich dieser Bereich außerdem?
   (d) Was soll die Verwendung dieser Ausdrücke zeigen und welcher Art ist das Verhältnis zwischen Sprecher und Angesprochenem?
5. (a) Stellen Sie stilistische Eigenheiten (z. B. Wortstellung, Anaphern, Alliterationen) fest und werten Sie sie für die Interpretation aus.
   • (b) In welchen Zeilen ist der Choriambus (-⏑⏑-) des verwendeten Versmaßes Asclepiadeus maior ——⏑⏑—|—⏑⏑—|—⏑⏑—⏑⏓ so mit einem oder zwei Wörtern besetzt, daß zuvor und danach eine Pause zu machen ist? Welche im Choriambus stehenden Wörter sind somit besonders isoliert und herausgehoben?

6. Vergleichen Sie die Texteinleitung Abschnitt 3 und versuchen Sie, die in c. 30 ausgedrückte Beziehung in eine der dort genannten Kategorien einzuordnen. Berücksichtigen Sie auch 48 B 5.
7. Vergleichen Sie c. 30 mit c. 76,1–10
● und 16–19 auf Gemeinsamkeiten.

32 A

1. Sammeln, erläutern und deuten Sie die Ausdrücke, die Catull in den vv. 1–2 Ipsitilla beilegt. Vgl. Sie evtl. c. 2, 3, 6, 50 und 99.
2. Schildern und deuten Sie den Stil der vv. 3–8 (beachten Sie Ausführlichkeit, Modus- und Tempuswahl). Vgl. Sie S 5,17–22,29 und 3 B 2.
3. Wodurch wird im Gedicht ein Stilbruch bewirkt?
4. Welches Ziel könnte das Gedicht haben?

43 A

1. Welche Auffälligkeiten in der Wortstellung beobachten Sie, und wie lassen sie sich begründen?
2. Versuchen Sie, aus den Versen 1–4 ein ‚Schönheitsideal' Catulls zusammenzustellen.
3. Schildern Sie, worin das Gedicht Überraschungen bietet.
4. Worin liegt der Witz des Gedichtes?
5. Was ist das Ziel des Gedichtes?
6. Vergleichen Sie c. 43 und c. 86 auf
● Unterschiede: (a) im Schönheitsideal, (b) in der Zielrichtung von Lob oder Schmähung, (c) in der Person, die letztlich mit dem Gedicht gerühmt oder geschmäht werden soll.

45 A

1. Gliedern Sie das Gedicht und nennen Sie die Gründe Ihrer Gliederung.
2. Wodurch macht C. die völlige Übereinstimmung der Liebenden deutlich?

48 A

1. Welche stilistische Figur bildet die Abfolge von Glied- und Hauptsätzen in diesem Gedicht? Wie ließe sich die Figur hier inhaltlich deuten?
2. Welche Funktion haben die verwendeten Modi?
3. (a) Aus welchem Sachbereich stammen die metaphorisch (,übertragen') verwendeten Wörter?
(b) Was wird durch ihre Verwendung ausgedrückt?
4. Welche Wörter heben die Intensität des Liebesverlangens hervor?
5. In c. 7 hatten die Vergleiche nicht nur den Zweck, einen Vergleichspunkt (die große Zahl) als sog. tertium comparationis anzugeben. Vielmehr hatten sie auch ein Eigenleben und gaben dem Gedicht Atmosphäre

und Hintergrund: Sie stellten Liebe als Mittel dar, die Sterblichkeit des Menschen wenigstens teilweise zu überwinden und ihn dem Göttlichen und Ewigen näherzubringen. — Was bewirkt in c. 48,4 f. der Vergleich *densior aridis aristis* außer der Bezeichnung einer großen Zahl?
6. Wer ist der Sprecher des Gedichts? Begründung?
7. Welche Gemeinsamkeiten und Unterschiede lassen sich zwischen c. 48 und c. 5 und 7 feststellen?
8. In welchem Licht erscheint die c. 48 dargestellte Liebe nach allen Beobachtungen? In welchem erscheint sie heute? Vgl. dazu B 1—5.

48 B

1. Die Ursachen dauernden homosexuellen Verhaltens bei Mann oder Frau sind von der Wissenschaft bisher nicht eindeutig festgestellt. Es hat nichts mit der äußeren Ausbildung der Geschlechtsorgane zu tun. Jeder Embryo ist ursprünglich zweigeschlechtlich angelegt. Unter dem Einfluß bzw. beim Fehlen des männlichen Sexualhormons erfolgt die Ausbildung dieser Anlage zu männlichen oder weiblichen Sexualorganen. Die meisten der in ihrem Geschlecht somit festgelegten Menschen verhalten sich heterosexuell, d. h. sind sexuell auf das jeweils andere Geschlecht bezogen. Eine etwa konstante Minderheit verhält sich jedoch homosexuell, d. h. ist sexuell auf das gleiche Geschlecht bezogen. Die Ursache dafür kann darin liegen, daß in der embryonalen Entwicklung hormonale Einwirkungen zeitweise anders als in der Mehrzahl der Fälle verlaufen sind und daß so eine andere Verhaltensrichtung festgelegt wurde, keineswegs aber eine andere körperliche Konstitution. Eine weitere Ursache kann in der frühkindlichen Entwicklung liegen, in der feste Verhaltensweisen erworben werden und durch familiäre oder andere Umstände eine zunächst für beide Geschlechter offene Haltung auf eines festgelegt wird.
2. Im antiken Griechenland gab es keine Gesetze zur Homosexualität, Ausrichtungen auf eines oder auf beide Geschlechter waren akzeptiert. Im Rom der republikanischen Zeit stellte ein Gesetz, dessen Entstehungszeit man nicht genau kennt (*lex Scantinia*), homosexuelles Verhalten unter Strafe, und zwar war eine Geldstrafe von 10 000 Sesterzen vorgesehen. Zu Catulls Zeit scheint aber dieses Gesetz kaum wirksam gewesen, sondern nur im politischen Kampf verwendet worden zu sein. Erst Kaiser Justinian (527—565) erließ eine verschärfte Gesetzgebung, wobei er sich auf Bibelstellen berief, die angeblich Homosexualität für den Untergang von Städten und als Ursache göttlicher Strafe verantwortlich machten. Diese Auslegung ist heute von der Wissenschaft widerlegt. Justinian — so berichtet der Historiker Prokop (ein Zeitgenosse Justinians) aus eigener Kenntnis, hat das Gesetz vor allem dazu genützt, gegen Reiche eine Handhabe zu bekommen, sie anzuklagen und ihr Vermögen einzuziehen; Homosexualität wurde ‚das Verbrechen derjenigen, denen man kein anderes anhängen konnte'.
In der römischen Literatur fast aller Zeiten finden sich jedoch genügend Belege für das Vorhandensein und die Akzeptierung der Homotropie aller Stufen.
3. Die Ursachen für die Verfolgung der Homosexualität sind vielschichtig, z. B. Unsicherheit, Gruppenegoismus, politische Absichten, Schaffung von Feindbildern, religiöse Vorschriften (vgl. Einleitung 2.6). In der Bundesrepublik Deutschland ist Homotropie in ihren verschiedenen Stufen gesetzlich weitgehend der Heterotropie gleichgestellt. Die Entwicklung der Strafgesetzgebung zeigt die folgende Übersicht (aus: R. Lautmann (Hrsg.): Seminar: Gesellschaft und Homosexualität, Frankfurt am Main, 1977 (Suhrkamp-Taschenbücher Wissenschaft 200), S. 48 f.):

1871	Das Reichsstrafgesetzbuch bestraft in § 175 die „widernatürliche Unzucht". Nach ständiger Rechtsprechung werden nur sog. beischlafähnliche Handlungen verfolgt.
1929	Der Strafrechtsausschuß des Reichstages empfiehlt, den § 175 abzuschaffen. Der Antrag wird im Plenum nicht mehr behandelt.
1935	§ 175 wird verschärft. Nunmehr ist jegliche „Unzucht" strafbar. Nach der sich alsbald entwickelnden Auslegung des Reichsgerichts (RG) fallen darunter auch ein Kuß oder Betrachten.
1936 ff.	Bei Homosexualität ertappte Männer werden oft nach verbüßter Strafhaft oder auch sogleich ins KZ eingeliefert. Dort sind sie, mit einem rosa Winkel versehen, die Häftlingsgruppe mit dem niedrigsten Status. Die Mehrzahl kommt um.
1943	Aufgrund geheimen Befehls des Reichsführers der SS ist zu töten, wer als Angehöriger der SS oder der Polizei homosexueller Handlungen überführt wird.
1945	Die Verschärfung des § 175 von 1935 wird von der herrschenden Meinung nicht als typische NS-Bestimmung angesehen; sie bleibt in Kraft. Die Rechtsprechung interpretiert die Vorschrift fast ebenso extensiv wie das RG.
1953 ff.	Die Bundesentschädigungsgesetze sehen für die in den KZ inhaftiert gewesenen homosexuellen Männer keine Anspruchsberechtigung vor.
1959 ff.	Rückgang der Verfolgungsintensität (Straftaten- und Verurteiltenziffern in der Kriminalstatistik sinken).
1962	Der Entwurf 1962 für ein neues StGB läßt die männliche Homosexualität strafbar.
1969	Entkriminalisierung durch das Erste Gesetz zur Reform des Strafrechts. Homosexuelle Handlungen sind nur noch strafbar, wenn der Partner unter 21 Jahren alt ist.
1973	Entkriminalisierung durch das Vierte Gesetz zur Reform des Strafrechts. Strafbarkeit nur noch, wenn der Partner unter 18 Jahren alt ist.

KZ = Konzentrationslager / SS = „Schutzstaffel", großer militärischer Kampfverband im Dienste der nationalsozialistischen Diktatur / StGB = Strafgesetzbuch.

4. Ein deutscher Theologe zu den Problemen des homosexuell orientierten Menschen auch nach der wissenschaftlich begründeten Abschaffung der Strafbarkeit (Wolfgang Trillhaas: Sexualethik, Göttingen (Sammlung Vandenhoeck) ²1970, S. 75):
Es gibt ‚keine ... institutionelle Form, die homosexuelle Veranlagung auszuleben. Das veranlaßt ... den Homosexuellen dazu, Gelegenheiten zu suchen oder auch immer neue zu schaffen, seiner Veranlagung zu leben und seine Triebe zu befriedigen. Da sich aber die Gesellschaft seiner Veranlagung verschließt, geht diese Suche nach Gelegenheit leicht ins Abseitige, unter Umständen ins Untergründige.'

5. Aus den Erläuterungen zu den Richtlinien für die Sexualerziehung in einem Bundesland (Ministerium für Unterricht und Kultus Rheinland-Pfalz (Hrsg.): Sexualerziehung in Rheinland-Pfalz. Richtlinien, Erläuterungen und Literaturhinweise für Eltern, Lehrer und Schüler, Mainz 1970, S. 21 f.):
Soweit gleichgeschlechtliche Sexualität von einem einzelnen ... bewußt gelebt und bejaht wird, ist diese seine sexuelle Norm rein individuell und damit für die Gesellschaft als Ganzes unerheblich.
Es ist Aufgabe einer humanen Sexualerziehung, die verbreiteten Vorurteile abzubauen und zur Duldung gegenüber einer sexuellen Minderheit zu erziehen, in deren Bereich es auch alle Variationen partnerschaftlicher Verhältnisse gibt, also auch Liebe und Verantwortung.

Die gesellschaftliche Unterdrückung der Homosexualität kann zu schweren psychischen Störungen führen. Insofern läßt sich an diesem Beispiel die besondere Tragik eines persönlich unverschuldeten Konflikts mit gesellschaftlichen Normen darstellen und schlußfolgern, daß daher eine gesellschaftliche Ächtung Homosexueller im Grunde sinnlos und inhuman ist.

49 A

1. (a) Wofür sagt C. Cicero Dank? Vgl. Texteinleitung Abschnitt 6, auch 3 B 4. — (b) Welche Ausdrücke des Gedichts sind formal einander ähnlich, inhaltlich aber Gegensätze? — (c) Kann sich Cicero über C.s Lob freuen, wenn dieser sich zugleich so, wie in v. 5 f., charakterisiert?

2. (a) Erläutern Sie, ob c. 49 ironisch ist (vgl. S 9). — (b) Welche stilistischen Mittel unterstützen Ihre Antwort auf die vorige Frage? — (c) Diskutieren Sie B 1.

49 B

1. Thornton Wilder läßt in seinem Briefroman ‚Die Iden des März' (→ 1B1) Cicero an seinen Freund und Verleger Atticus (Brief XVII) folgendes über Catull schreiben:
‚Ich kenne den jungen Mann bereits einige Zeit, und eins der Gedichte ist sogar an mich gerichtet. Dieses Gedicht kenne ich seit einem Jahr, aber, bei den Göttern! ich weiß nicht recht, ob es in Bewunderung oder im Spott an mich gerichtet ist. Ich bin schon dankbar, daß er mich nicht einen Kuppler oder einen Langfinger nennt — scherzhafte Beinamen, denen wenige seiner Freunde entgehn.'

50 A

1. Gliedern Sie das Gedicht in vier Abschnitte.
2. Stellen Sie fest, welche Ausdrücke und Formulierungen aus dem erotischen Bereich stammen oder Erotisches bezeichnen können. Berücksichtigen Sie dazu die Vokabelangaben.
3. Stellen Sie fest, welche Ausdrücke und Formulierungen poetische Tätigkeit bezeichnen oder bezeichnen können. Vgl. Sie dazu die Vokabelangaben.
4. Vergleichen Sie Ihre Ergebnisse zu 2 und 3. Was fällt auf, und wie läßt sich der Befund deuten?

5. Lesen Sie Einleitung 2.6, 2.7 und 3 sowie 5 B 3.
(a) Schildern Sie die wesentlichen Züge der dort geschilderten erotischen Liebe.
(b) Welche dieser Züge finden sich in c. 50 wieder?
6. Welche Entwicklung wird in dem Gedicht dargestellt?
7. Worin unterscheidet sich die hier dargestellte Beziehung zu Calvus von der zu Iuventius in c. 48 und 99 und der zu Alfenus in c. 30?
8. Diskutieren Sie B 1 im Vergleich mit A 5.

50 B

1. Thornton Wilder läßt in seinem Briefroman ‚Die Iden des März' (→ 1 B 1) Caesar folgendes an einen Jugendfreund schreiben (Brief VIII):
‚Das Reich des Eros. — Haben wir nicht allzu leichtfertig alles wegerklärt, was die Gluten begleitet, durch die unsre Welt bevölkert wird? Lucretius mag recht haben und unsre darüber scherzende Welt unrecht. Mir scheint, ich habe mein Leben lang gewußt, aber nicht anerkennen wollen, daß alle, alle Liebe eins ist und selbst der Geist, mit dem ich diese Fragen stelle, einzig von Liebe erweckt, genährt und belehrt wird.'

51 A

1. (a) Ordnen Sie den drei genannten Personen, nämlich dem Besprochenen (*ille*), der Angesprochenen (*te*) und dem Sprecher (*mi*), die Informationen der Strophen 1—3 des Gedichts zu. — (b) Wodurch unterscheiden sich Besprochener und Sprecher?
2. (a) Was fällt zur Menge der Informationen über die Angesprochene auf? — (b) Was will C. damit zeigen, (a) für Lesbias Persönlichkeit, (b) für Lesbias Wirkung, (c) für seinen Zustand?
3. Vergleichen Sie c. 86.
4. (a) Welche Wirkungen und Bedeutungen hat *otium* in Strophe 4? — (b) In welchem Zusammenhang könnte die *otium*-Strophe mit den Strophen 1—3 stehen? Vgl. A 5 d.
5. (a) Welche Ausdrücke des Sapphogedichts (51 B 1) hat C. weggelassen, mit welcher Wirkung? — (b) Wo hat C. gegenüber dem Sapphogedicht etwas hinzugefügt, mit welcher Wirkung? — (c) Wie hat sich in den einzelnen Sätzen oder Versen bei Catull die Wortfolge geändert, mit welcher Wirkung? —(d) Wie setzt sich Sapphos Gedicht nach der dritten Strophe fort, wie C.s.?
6. (a) Was verdeutlicht die Pause v. 8? — (b) Welche stilistischen Mittel unterstützen Ihre Beobachtungen und Antworten zu A 2, 4 und 5?

51 B

1. Von der griechischen Dichterin Sappho von Lesbos (ca. 600 v. Chr.) stammt folgendes Gedicht auf ein Mädchen aus ihrem musischen Schülerinnenkreis, möglicherweise anläßlich deren Verlobung geschrieben. Es ist fragmentarisch erhalten, weil es ein griechischer Autor des 2. Jahrhunderts n. Chr. als Beispiel für hohen Stil länger zitiert. Es wird im folgenden griechisch und deutsch wiedergegeben. Die deutsche Übersetzung versucht an fast allen Stellen, die griechische Wortstellung nachzuahmen, weil dies für die Bearbeitung der Arbeitsaufträge wichtig sein kann. Künstlerischen Wert hat sie daher nicht.

> Φαίνεταί μοι κῆνος ἴσος θέοισιν
> ἔμμεν' ὤνηρ, ὄττις ἐνάντιός τοι
> ἰσδάνει καὶ πλάσιον ἆδυ φωνεί-
>   σας ὐπακούει
> 5 καὶ γελαίσας ἰμέροεν, τό μ' ἦ μὰν
> καρδίαν ἐν στήθεσιν ἐπτόαισεν.

ὥς γὰρ ἔς σ' ἴδω βρόχε', ὥς με φώνας
οὐδὲν ἔτ' εἴκει,
ἀλλὰ κὰμ μὲν γλῶσσα ἔαγε, λέπτον
10 δ' αὔτικα χρῶ πῦρ ὑπαδεδρόμηκεν,
ὀππάτεσσι δ' οὐδ' ἒν ὄρημμ', ἐπιρρόμ-
βεισι δ' ἄκουαι,
ἀ δέ μ' ἴδρως κακχέεται, τρόμος δὲ
παῖσαν ἄγρει, χλωροτέρα δὲ ποίας
15 ἔμμι, τεθνάκην δ' ὀλίγω 'πιδεύης
φαίνομι.
ἀλλὰ πὰν τόλματον, ἐπεὶ καὶ πένητα ...

1 Es scheint mir jener gleich den Göttern
zu sein, der Mann, der gegenüber dir
sitzt und nah (dich) süß spre-
4 chen hört
und lachen sehnsuchtserweckend. Das hat mir wahrlich
das Herz in der Brust aufgeregt.
Sowie ich nämlich auf dich sehe, wie schnell ist mir zu sprechen
8 überhaupt nicht mehr möglich.
Sondern völlig ist erst die Zunge ohne Kraft geworden, feines
Feuer ist dann sofort ins Fleisch tief gedrungen,
zu sehen ist nicht mehr möglich den Augen, es brau-
12 sen die Ohren
und der Schweiß mich überfließt, Zittern aber
läßt mich ganz erbeben, und bleicher als Gras
bin ich, zum Sterben nur weniges zu bedürfen
16 scheine ich.
Aber alles muß man ertragen, denn auch den Bettler ...

52 A

1. Welche Konsequenz aus den geschilderten politischen Verhältnissen deutet C. an?
2. (a) Kann sie allgemeinverbindlich sein? — (b) Vgl. Sie 29 B 2 zu diesem Gedicht.

54 A

1. Welche Mängel schildert C. an den drei Anhängern Caesars, welchem Bereich gehören sie an, und wie trifft er dadurch Caesar?
2. Wie unterscheidet sich C. von diesen Leuten und warum kann er Caesar dennoch nicht angenehm sein?
3. Mit welchen stilistischen Mitteln, z. B. Wortstellung und Wortwahl, erreicht C. überraschende Wirkungen? — Wo weckt er — wenn auch nur für einen angeblich sexuell lüsternen Caesar — Erwartungen, führt aber den Satz dann ganz anders weiter und erreicht dadurch einen witzigen Effekt?
4. Wenden Sie 29 A 4a und c auf das vorliegende Gedicht an.

57 A

1. Gliedern Sie das Gedicht und nennen Sie das Prinzip der Gliederung.
2. Stellen Sie inhaltliche und sprachliche Beobachtungen dafür zusammen, daß das Gedicht eine witzige Beweisführung darstellt.
3. Wenden Sie 29 A 2 und 4 mit den entsprechenden Begleittexten auf dieses Gedicht an.

58 A

1. Das Gedicht könnte eine Invektive (→ 29 B 1) sein. Was müßte dann der Anlaß sein, und welche inhaltlichen Angaben lassen sich dann nicht ganz erklären?
2. Das Gedicht könnte die Verbreitung der Lesbiagedichte und ihre Aufnahme beim Publikum meinen. Worüber würde C. dann klagen? Vgl. B 1.
3. Beobachten Sie sprachliche und stilistische Eigenheiten, z. B. den Wechsel der Attribute zu Lesbia, und deuten Sie sie im Sinne einer der beiden Möglichkeiten 1 oder 2.

58 B

1. Etwa vierzig Jahre nach Catulls Tod schreibt der Dichter Ovid Liebeselegien (*amores*). Darin klagt er über die Folgen der Veröffentlichung seiner Dichtung (III 12,5—10):

    Quae modo dicta mea est, quam coepi solus amare,
        Cum multis vereor ne sit habenda mihi.
    Fallimur an nostris innotuit illa libellis?
        Sic erit: ingenio prostitit illa meo.
    Et merito: quid enim formae praeconia feci?
        Vendibilis culpa facta puella mea est.

    Die eben noch die meine hieß, die ich allein zu lieben anfing,
        Mit vielen zusammen, fürchte ich, muß ich sie haben.
    Und durch eigene Schuld. Was hab ich denn für ihre Schönheit den
        Ausrufer gemacht?
    Käuflich durch meine Schuld ist das Mädchen geworden.
    Täuschen wir uns oder wurde sie bekannt durch unser Büchlein?
        So muß es sein: durch mein Talent hat sie sich öffentlich angeboten.

60 A

1. Stellen Sie die Informationen über den Angesprochenen zusammen und erläutern Sie die Gründe, warum diese Angaben stehen.
2. (a) Welche Informationen sind zum Sprecher des Gedichts gemacht?
(b) In welcher Form oder Person spricht er über sich?
(c) Was läßt sich aus (a) und (b) für den Gültigkeitsanspruch des Gedichts schließen?

3. Welche Gemeinsamkeiten hat c. 60 mit Theokrits Idyll III, vv. 15—17? (B 1)
4. Formulieren Sie aufgrund der Antworten zu 1—3 eine Deutung, wer in c. 60 der Angesprochene und was die Situation des Sprechers ist.

60 B

1. Theokrit war ein griechischer Dichter, der im 3. Jh. v. Chr. vor allem an den Höfen des Hieron in Syrakus und des Ptolemaios Philadelphos in Alexandria wirkte. Seine bukolische Dichtung (griech. *bukolos* = Rinderhirt), die Idyllen (griech. *eidyllion* = kleines Abbild), stellen menschliche Erlebnisse und Empfindungen im Rahmen einer — nicht recht realen — Hirtenwelt dar. Sein Einfluß auf die weitere hellenistische Dichtung war groß, insbesondere hat Vergil in seinen in den Jahren um 40 v. Chr. geschriebenen zehn ‚Eklogen' viele Motive Theokrits verarbeitet. In Theokrits Idyll III, vv. 15—17, klagt ein von dem Mädchen Amaryllis verschmähter Hirt so:
   Jetzt hab' ich Eros erkannt: ein schwerer Gott; wahrlich einer Löwin
   Brust hat er gesaugt und im Wald hat ihn ernährt die Mutter,
   ihn, der mich verbrennt und bis ins Mark ganz und gar zerstört.
   (Νῦν ἔγνων τὸν Ἔρωτα · βαρὺς θεός · ἦ ῥα λεαίνας
   μαζὸν ἐθήλαζεν, δρυμῷ τέ νιν ἔτραφε μάτηρ,
   ὅς με κατασμύχων καὶ ἐς ὀστέον ἄχρις ἰάπτει.)

61 A

1. Stellen Sie aus c. 61 Beobachtungen zusammen (a) zu römischen Hochzeitsbräuchen, (b) zur Stellung des Mannes, (c) zur Stellung der Frau.
2. Beurteilen Sie den Charakter der Liebe Catulls, wie sie sich in den bisher gelesenen Lesbiagedichten gezeigt hat, im Vergleich mit c. 61.

64 A

1. (a) Beobachten Sie stilistische Mittel und ihre Wirkung. — (b) Welche sind gegenüber denen in den kleinen Gedichten neu? Vgl. u. a. S 50,52,53.
2. Welche Gemeinsamkeiten lassen sich zwischen diesem Text und den kleinen Gedichten in der Auffassung von der Liebe und in der Haltung ihr gegenüber feststellen?
3. Gliedern Sie den Text in verschiedene Textarten.

70 A

1. Arbeiten Sie die Gesprächssituation (Sprecher, Angesprochener, Besprochene, Anlaß der Äußerung) und ihre Entwicklung heraus.

2. Welche Bedeutung hat *mulier* im Unterschied zu *femina, uxor, amica*?
3. Welche Wörter werden im Gedicht wiederholt? Was könnten die Gründe sein?
4. Welche auffälligen Wortstellungen beobachten Sie? Wie ließen sie sich deuten?
5. Welchen Allgemeinheitsgrad hat das erste, welches das zweite Distichon? Belegen Sie Ihre Antwort durch Ausführungen zu den verwendeten Wörtern.
6. Welche der in 70 B 1 aufgeführten Kennzeichen des Epigramms treffen auf c. 70 zu und an welcher Stelle jeweils?

70 B

1. Ein Epigramm (griechisch ‚Aufschrift') meißelte man ursprünglich auf Grabsteine oder Weihgaben für einen Tempel. Die kurze griffige Form machte sich bald selbständig und diente vielerlei Zwecken, vor allem dem Spott. Kennzeichen des Epigramms sind:
   - (a) Konzentration des verwendeten sprachlichen Materials;
   - (b) Kürze;
   - (c) Aufbau in elegischen Distichen (→ M 3.2);
   - (d) antithetischer (d. h. zweierlei gegenüberstellender) Bau; z. B. Gegenüberstellung von Erwartung und Antwort, Spannung und Lösung;
   - (e) überraschende Schlußwendung (sog. *fulmen in clausula* ‚Blitz am Schluß').

72 A

1. (a) Welche Zeitstufen kommen in dem Gedicht vor?
   (b) Wie sind sie (durch Tempuszeichen und Adverbien) bezeichnet?
   (c) Bestimmen Sie genau die Funktion der verwendeten Hauptsatztempora. Was läßt sich aus der Reihenfolge schließen?
2. (a) Sammeln Sie die verwendeten Ausdrücke aus dem Bereich der Liebe und versuchen Sie dabei, zwei Gruppen zu bilden.
   (b) Was ergibt sich für die Anzahl der in jeder Gruppe verwendeten Verben und für ihre im Gedicht benannte Intensität?
3. Was ist somit Ziel des Gedichtes 72?
4. Arbeiten Sie Gemeinsamkeiten und Unterschiede zwischen c. 70 und c. 72 heraus.
5. Was will Th. Wilder mit C.s und Lesbias fingierten Äußerungen für C.s Liebe zeigen? Vgl. B 1 und 2 und 5 A 5—6.

72 B

1. Thornton Wilder läßt in seinem Briefroman ‚Die Iden des März' (→ 1 B 1) die von Catull geliebte Clodia (= Lesbia) folgendes an Catull schreiben (Brief XVIII B): ‚Es ist sehr lästig, mit einem hysterischen Kind zu tun zu haben. Mach keinen Versuch, mich wiederzusehn. Ich lasse nicht in dieser Manier mit mir reden. Ich habe kein Versprechen gebrochen, denn ich habe keins gegeben. Ich werde leben, wie es mir paßt.'

2. Thornton Wilder läßt Catull folgendes an seine Geliebte Clodia schreiben (Brief XXVIII A):
‚Ich weiß, ich weiß, Du hast nie versprochen, beständig zu sein. Wie oft hast Du — mit der zur Schau gestellten Ehrlichkeit der Unehrlichen — einen Kuß abgebrochen, um Deine Unabhängigkeit von jeder Bindung zu bekräftigen. Du hast geschworen, daß Du mich liebst, und hast gelacht und mich gewarnt, daß Du mich nicht ewig lieben wirst. — Ich hörte Dich nicht. Du redetest eine Sprache, die ich nicht verstand. Nie, nie könnte ich mir eine Liebe vorstellen, die fähig wäre, ihr eignes Ende vorauszusehn. Liebe ist ihre eigne Ewigkeit. Liebe ist, in jedem Augenblick ihres Seins: alle Zeit. Sie ist der einzige Blick, den wir darauf tun dürfen, was die Ewigkeit ist.'

73 A

1. Aus welchem Wortfeld sind mehrere Ausdrücke verwendet und warum?
2. Über wen spricht der Sprecher und wie beschreibt er ihn?
3. Welche übliche Wortart ist nur einmal verwendet und wo? Was wird dadurch bewirkt?
4. Wen spricht der Sprecher an, und was läßt sich daraus schließen?
5. Vgl. Sie das Gedicht mit c. 30, c. 76 und c. 87 auf Gemeinsamkeiten und Unterschiede.
6. Charakterisieren Sie den Ton des Gedichts aufgrund der verwendeten Ausdrücke, des Ergebnisses aus Frage 3 und der Betrachtung metrischer Eigenheiten, insbesondere in Vers 6 (→ M 2.7).
7. Ordnen Sie das Gedicht einer der in Einleitung 3 dargestellten Formen und Stufen der Liebe zu und begründen Sie die Zuordnung.

75 A

1. Mit welchen Ausdrücken bezeichnet Catull sein und Lesbias Verhalten in den vv. 1—2? Interpretieren Sie den Befund.
2. Welche Antithesen beschreibt Catull in den vv. 3—4? Wieso sind sie Folge der in den vv. 1—2 genannten Faktoren *officium* und *culpa*?
3. Vergleichen Sie c. 75 mit c. 72 auf Gemeinsamkeiten und Unterschiede.

76 A

1. (a) Mit welchen Ausdrücken bezeichnet Catull seine Liebe in den vv. 1—9?
   (b) Worin liegt ein Unterschied zum funktionierenden Klientelsystem?
   (c) Wer ist in den vv. 1—9 nicht ausdrücklich genannt?
2. Beschreiben Sie den Unterschied der vv. 1—8 und 9—16 anhand der vorherrschenden Wortfelder und Satzarten.
3. (a) Gliedern Sie Catulls Gebet in den vv. 17—26.

(b) Warum wendet sich Catull an die Götter?

4. Welche sprachlichen und inhaltlichen Beziehungen bestehen zwischen den drei Teilen des Gedichts (vv. 1–8; 9–16; 17–26)?

5. Welche Beziehungen oder Unterschiede bestehen zwischen Gedicht 76 und den Gedichten (a) 5, (b) 8, (c) 51, (d) 72 und 75, (e) 85?

76 B

1. Das Verhältnis römischer Bürger aus verschiedenen Klassen war nach dem Klientelwesen organisiert. Angehörige der Plebs (der untersten Klasse) oder Freigelassene konnten sich als Schutzbefohlene (clientes) in ein Abhängigkeitsverhältnis zu einem reichen und mächtigen Schutzherrn (patronus) begeben. Sie bekamen von diesem verschiedene Leistungen (beneficia), z. B. rechtliche und finanzielle Unterstützung, und waren ihrerseits zu Gegenleistungen (officia), z. B. handwerkliche Hilfe oder Stimmabgabe im Sinne des Patrons verpflichtet. So entstand ein Wechselverhältnis (Reziprozität). Es ist durch Haltungen gekennzeichnet, die ebenso reziproke Bedeutung haben: durch fides (Zuverlässigkeit des Patrons gegenüber dem Klienten, also Glaubwürdigkeit, und des Klienten gegenüber dem Patron, also Treue) und durch gratia (Ansehen oder Gunst des Patrons im Verhältnis zum Klienten, Dank des Klienten an den Patron):

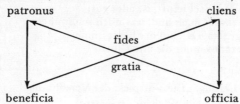

reziprokes Verhältnis

83 A und 92 A

1. Wie viele Personen sind in Gedicht 83 genannt?
2. Nennen Sie diese Personen mit dem Wort, mit dem sie zum ersten Mal im Gedicht genannt werden.
3. Schreiben Sie die Aussagen zu den einzelnen Personen, d. h. ihre Charakterisierungen, in der Reihenfolge des lateinischen Textes auf (gesammelt zu jeder Person, jede Aussage/Charakterangabe auf eine eigene Zeile).
4. Was fällt zur Charakterisierung des Sprechers auf?

5. Welche Wortfelder lassen sich im Gedicht 83 feststellen? Finden Sie jeweils zu jedem Wortfeld einen deutschen Oberbegriff und führen Sie dazu die gefundenen lateinischen Wörter auf.
6. Wen spricht Catull (der hier einmal mit *mi* 83,1 und 92,2 gleichgesetzt sei) in c. 83, wen in c. 92 an? (Hinweis zu c. 92: Vgl. c. 85.)
7. Kennen Sie ein Gedicht C.s, auf das sich 92,3–4 tatsächlich beziehen läßt?

8. Nennen Sie — geleitet von den Beobachtungen zu c. 83 (Fragen 1, 3, 4, 5) — Parallelen und Unterschiede zwischen c. 83 und c. 92. (Gliederung: I. Parallelen 1. ... 2. ... usw. II. Unterschiede: 1. ... 2. ... usw.)
9. Was ist Ziel und Pointe des Gedichtes 83, was des Gedichtes 92?
10. Welches Gedicht hat ein eindeutigeres Ziel?
11. Vgl. Sie c. 83 mit B 1, c. 92 mit B 2. Gesichtspunkte: Länge, Stimmung, Ziel.

83 B und 92 B

1. E. Fabian, „Die listige Ehefrau"

Sie läßt an mir kein gutes Haar,
wenn ihr Gemahl zugegen ist:
der Dummkopf glaubt an einen Zwist
und freut sich diebisch offenbar.
O Esel, merkst du wirklich nichts?
Ja, wenn sie mich vergessen hätte
und schwiege ruhigen Gesichts,
wär's mit der Liebe aus, ich wette.
Doch da sie schimpft, ist alles gut;
sie denkt an mich und, was noch schlimmer,
sie regt sich auf, und das heißt immer:
heiß brennt in ihr die alte Glut.

2. G. E. Lessing, „Die Vorspiele der Versöhnung"

Korinne schwur, mich zu vergessen:
und doch kann sie mich nicht vergessen.
Wo sie mich sieht und wo sie kann,
fängt sie auf mich zu lästern an.
Doch warum thut sie das? warum erhitzt sie sich?
Ich wette was, noch liebt sie mich.
Ich schwur, Korinnen zu vergessen:
und doch kann ich sie nicht vergessen.
Wo ich sie sehe, wo ich kann,
fang' ich mich zu entschuld'gen an.
Doch warum thu ich das? und warum schweig ich nie?
Ich wette was, noch lieb' ich sie.

84 A

1. (a) Welche inhaltlichen, welche sprachlichen Einzelheiten machen Arrius lächerlich? — (b) Wo gehen inhaltliche und sprachliche Mittel ineinander über?

84 B

1. M. Fabius Quintilianus, erster staatlich besoldeter Rhetoriklehrer in Rom (35 —96 n. Chr.) schreibt in seiner Institutio oratoria (Lehrgang der Beredsamkeit) I 5,19—21:
Illa vero non nisi aure exiguntur, quae fiunt per sonos: quamquam per aspirationem, sive adicitur vitiose sive detrahitur, apud nos potest quaeri, an in scripto sit vitium, si h littera est, non nota. Cuius quidem ratio mutata cum temporibus est saepius. Parcissime ea veteres usi etiam in vocalibus, cum *aedos ircosque* dicebant. Diu deinde reservatum, ne consonantibus adspirarent, ut in *Graccis* et *triumpis*. Erupit brevi tempore nimius usus, ut *choronae, chenturiones, praechones* adhuc quibusdam inscriptionibus maneant, qua de re Catulli nobile epigramma est. Inde durat ad nos usque *vehementer* et *comprehendere* et *mihi:* nam *mehe* quoque pro *me* apud antiquos tragoediarum praecipue scriptores in veteribus libris invenimus.

Tatsächlich läßt sich der Bereich der Klänge (Laute) nur mit dem Ohr beurteilen: Wenn freilich die Aspiration fälschlich hinzugefügt wird oder unterbleibt, kann man sich bei uns fragen, ob es ein Fehler in der Schreibung ist, wenn h ein Buchstabe ist und kein Lesezeichen (wie bei den Griechen, die die Aspiration durch ein Häkchen, Spiritus asper genannt, über anlautenden Vokalen kennzeichnen). Das Verfahren dabei hat sich jedenfalls im Laufe der Zeiten öfters verändert. Sehr sparsam haben die Alten das h verwendet, auch bei Vokalen, indem sie *aedi ircique* (Böckchen und Böcke, statt haedi hircique) sagten. Dann blieb man lange dabei, den Konsonanten keinen Hauch zu geben, zum Beispiel in *Gracci* ('Gracchen', statt: Gracchi) und in *triumpi* (Triumphe, statt *triumphi*). Dann brach innerhalb kurzer Zeit ein allzu übertriebener Gebrauch aus, so daß *choronae* (Kränze, statt coronae), *chenturiones* (Zenturionen, statt centuriones) und *praechones* (Herolde, statt praecones) sich noch jetzt in manchen Inschriften findet, worüber es ein berühmtes Epigramm Catulls gibt. Von daher dauert ununterbrochen bis in unsere Zeit *vehementer* („heftig', statt vementer), *comprehendere* (ergreifen, statt comprendere) und *mihi* (mir, statt mi): und wir finden sogar *mehe* statt *me* vor allem bei den alten Tragödiendichtern in alten Schriftrollen.

85 A

1. Welche Wortart kommt am häufigsten vor, welche fehlt?
2. Welche Gegensätze kommen vor?
3. Interpretieren Sie den Befund aus 1) ● und 2).
4. Schildern Sie den geistigen und seelischen Zustand des Sprechers aus den Anhaltspunkten im Text.
5. Vergleichen Sie mit dem Gedicht 85 eine oder mehrere der B 1 abgedruckten Übersetzungen und beurteilen Sie danach erneut den Charakter des Gedichtes sowie das Verhältnis der untersuchten Übersetzungen dazu.
Für ihre Untersuchung können Sie eine Tabelle nach dem Muster von 85 B 2 verwenden.

85 B

1. Catulls c. 85 im Spiegel einiger Übersetzungen.
(1) Hassen und lieben zugleich muß ich. — Wie das? — Wenn ich's wüßte! Aber ich fühl's, und das Herz möchte zerreißen in mir. (Ed. Möricke, 1840)
(2) Haß und Liebe zugleich heg' ich. Du fragst nach dem Grunde?
   Weiß nicht; daß es so ist aber, empfind' ich mit Schmerz. (W. S. Teuffel, 1855).
(3) Haß und Liebe zugleich durchglüht mich. Weswegen? Ich weiß nicht,
   aber ich fühl's nun einmal, fühl es mit höllischer Pein. (F. Pressel, 1860)
(4) Liebe verfolgt mich und Haß. „Und warum?" fragt einer, Ich weiß nicht,
   aber ich fühl' es einmal, fühl' es und leide darum. (Th. Heyse, 1889)
(5) Liebe verzehrt mich und Haß! Wieso das? möchtest du fragen.
   Weiß nicht! Aber ich fühl's, daß es so ist, und vergeh! (Th. Vulpius, 1889)
(6) Liebe durchglüht mich und Haß! „Warum denn?" magst du mich fragen.
   Sagen, ach, kann ich es nicht — fühlen nur kann man die Qual. (M. Schuster, 1906)
(7) Ach, ich hasse und liebe. Du fragst, warum ich das tue.
   Weiß nicht. Ich fühle nur: es geschieht und tut weh. (Max Brod, 1914)
(8) Liebe heg ich und Haß. Fragst du, warum ich das tue?
   Weiß nicht. Doch es geschieht, fühl ich und kreuzige mich. (P. Mahn, 1918)
(9) Hassen und lieben zugleich. Du fragst wohl, warum ich's so treibe.
   Weiß nicht. Daß es geschieht, fühl' ich und sterbe daran. (Ed. Norden, 1923)
(10) Liebe trag' ich mit Haß. Warum? So fragst du. Ich weiß nicht.
   Aber ich fühle: so ist's; und ich verblute in Qual. (Ed. Saenger, 1926)
(11) Hassen und lieben. Warum, so fragst du vielleicht? Doch ich weiß nicht.
   Aber es ist so: ich fühl's, und es zerreißt mir das Herz. (C. Fischer, 1948)
(12) O, ich hasse und liebe! Weshalb ich es tue, du fragst's wohl.
   Weiß nicht! Doch daß es geschieht, fühl ich — unendlich gequält. (O. Weinreich, 1960)

2.

Text	Schilderung des Catullischen Verfahrens	Schilderung des Verfahrens bei Mörike	Schilderung des Verfahrens bei ...
odi et amo	drei Wörter, kurz, Stamm, Personenkennzeichen	sechs Wörter, Verdeutlichung des et durch ‚und ... zugleich'; Ergänzung von ‚muß', das bei Catull erst Pointe in Zeile 2 ist; dadurch aber gleiche Abfolge Stamm/Personenkennzeichen wie im Lateinischen.	...
quare id faciam	...	...	...

86 A

1. Sammeln Sie die Ausdrücke für ‚Schönheit' und erläutern Sie sie. Welche Gruppen und Rangstufen ergeben sich?
2. Worin besteht nach c. 86 Schönheit? Beachten sie u. a. den Ausdruck *veneres*, ebenso *venus-tas*.
3. Vgl. Sie B 1 sowie Einleitung 6 und 8 mit Ihrer Auslegung des Gedichtes 86. Welche zusätzlichen Aspekte ergeben sich?
4. Vgl. Sie c. 86 und c. 43 gemäß 43 A6.

86 B

1. In Thornton Wilders ‚Die Iden des März' (→ 1 B 1) steht in einem erfundenen Brief Caesars an seinen vertrauten Freund Lucius Mamilius Turrinus (Brief VIII) folgendes: ‚Du wirst erstaunt sein zu erfahren, daß die Frau, die in den Gedichten unter dem Namen Lesbia angesprochen wird, niemand anders ist als Clodia Pulcher, an die Du und ich zu unsrer Zeit Gedichte geschrieben haben. Clodia Pulcher! Durch welche seltsame Verkettung von Umständen ist es dahin gekommen, daß diese Frau, deren Dasein für sie selbst jede verständliche Bedeutung verloren hat, – die nur lebt, um das Chaos ihrer Seele in ihrer ganzen Umgebung hervorzurufen, nun im Geist eines Dichters als Gegenstand seiner Anbetung lebt und ihm solche strahlende Lieder entlockt?
Was mich gegenwärtig beunruhigt, ist nicht sein Haß gegen mich, sondern seine Liebe zu Clodia. Ich kann nicht glauben, daß er sich bloß an ihre Schönheit wendet und daß Schönheit des Leibes genügt, um solche Triumphe im Ordnen von Wörtern und Gedanken hervorzurufen. Ist er imstande, Vorzüge in ihr zu sehn, die uns verborgen sind? Oder sieht er in ihr die Größe, die unbezweifelbar in ihr vorhanden war, bevor sie diese Selbstzerstörung begann, die jetzt in der ganzen Stadt Abscheu und Gelächter erregt?
Für mich hängen diese Fragen mit den vornehmlichsten zusammen, die man an das Leben selbst stellt. Ich werde sie weiter zu erforschen trachten und, was ich finde, Dir mitteilen.'

87 A

1. Welche Wörter werden in diesem Gedicht wiederholt und mit welcher Wirkung jeweils?
2. Führen Sie auffällige (vom Normalen abweichende) Wortstellungen auf und deuten Sie sie. Vgl. S 33–39.
3. (a) Mit welchen Ausdrücken aus dem gesellschaftlichen Bereich bezeichnet oder charakterisiert der Sprecher seine Liebe?
(b) Worin übertrifft seine Liebe alle anderen ‚*foedera*'?
4. Schildern Sie den Ablauf des Gedichts unter besonderer Berücksichtigung der Satzstrukturen und des inhaltlichen Verhältnisses zwischen den vv. 1–2 und 3–4.
5. Welche Gemeinsamkeiten und Unterschiede gibt es zwischen c. 87 und c. 76?
6. Vgl. Sie c. 87 mit c. 109 und 109 B 1 und 2.

93 A

1. Welche Doppeldeutigkeiten sind geeignet, Caesar sexuelle Vorhaltungen zu machen bzw. ihn so zu verspotten oder zu verleumden?
2. (a) Mit welchen sprachlichen und inhaltlichen Mitteln drückt C. aus, Caesar sei ihm gleichgültig? — (b) Ist diese Aussage glaubhaft? Begründung? — (c) Wenden Sie 29 A 4 und 5 auf c. 93 an.

96 A

1. Welche Motive für das Gedenken an Verstorbene und für die Trauer über ihren Tod nennt C.?
2. (a) Welche Wirkung des Gedenkens auf die Tote nennt C. als möglich? — (b) Wie ist sie übertragen als Wirkung auf den Trauernden zu verstehen? — (c) Welche Stufe der Liebe (vgl. Texteinleitung 3) liegt vor? —(d) Worin liegen Gemeinsamkeiten und Unterschiede zu c. 5 und c. 7?

99 A

1. Mit welchen Ausdrücken sind Iuventius und der Kuß in den vv. 1—2 geschildert, und wie sind diese Ausdrücke zu deuten?
2. Welche sprachlichen und inhaltlichen Einzelheiten zeigen in den vv. 3—16, (a) daß Iuventius als harter Herr über einen Liebhaber geschildert wird; (b) daß Iuventius einen unerwünschten Liebhaber erniedrigt; (c) daß sich der Sprecher als unglücklichen und leidenden Liebhaber sieht; (d) daß im Liebhaber eine Wandlung seiner Einstellung zu Iuventius und seiner Wertschätzung des Iuventius vorgeht?
3. Vergleichen Sie c. 99 mit c. 8; 72; 75; 76; 85 auf Gemeinsamkeiten und Unterschiede.
4. Arbeiten Sie Unterschiede zwischen c. 48 und c. 99 heraus.
5. Bearbeiten Sie 48 A 8 sinngemäß.

101 A

1. Wie hebt C. die Schwere des Verlustes hervor?
2. Welche Arten der Trennung vom Bruder erwähnt C., an welchen Stellen des Gedichts und mit welchen stilistischen Mitteln verdeutlicht?
3. Welche Auffassung vom Tod oder dem Leben danach zeigt sich in c. 101?
4. Worin sieht C. den Sinn der Trauer?

107 A

1. Interpretieren Sie das Gedicht unter Berücksichtigung folgender Punkte:
   (a) Welche Wörter werden wiederholt und warum?
   (b) Welche Satzarten (bei Haupt- und Gliedsätzen) weist das Gedicht auf und welchen Charakter erhalten dadurch jeweils die einzelnen Teile des Gedichts?
   (c) Geht die Gedankenentwicklung schnell oder langsam vor sich? Werten Sie Ihre Antwort aus.
   (d) Welche Adressaten spricht der Sprecher in welcher Reihenfolge an und was kann dies zeigen?
2. Vergleichen Sie c. 107 (a) mit c. 70 und c. 72, (b) mit c. 5 und 7 auf Gemeinsamkeiten und Unterschiede.

109 A

1. Welche Wortfelder geben dem Gedicht seine Prägung?
2. Welche Wörter werden in diesem Gedicht in ‚übertragener' (metaphorischer) Bedeutung verwendet?
3. Wodurch unterscheidet sich der Inhalt der Verse 5—6 von der gewöhnlichen Haltung zu Catulls Zeit? Vgl. B 1 — 2.
4. Vergleichen Sie c. 109 mit c. 76 und c. 87 auf Gemeinsamkeiten und Unterschiede.
5. Vergleichen Sie c. 109 und c. 107 unter Berücksichtigung der Adressaten, der Gedichtschlüsse und der Haltungen des Sprechers.

109 B

1. Noch zur Zeit Catulls galt die Eheschließung nicht als ein juristischer Akt, sie stand nicht unter dem Schutz des Staates und war erst recht kein Sakrament, das die Ehe unter göttlichen Schutz und unter die Aufsicht einer Religionsgemeinschaft stellte. Entsprechend war auch die Auflösung einer Ehe nur an den Willen beider Partner oder eines Partners geknüpft. In älterer Zeit hatten die Ehen dennoch Bestand, weil die öffentliche Sitte (*mos*) die Einhaltung moralischer und menschlicher Spielregeln garantierte. Das war zu Catulls Zeit anders geworden. Eheschließungen konnten der Bereicherung des Mannes dienen oder politischen Absichten. (Ursprünglich sollte die Mitgift den Mann nur dafür entgelten, daß er der Frau zeitlebens Schutz und Unterhalt gewährte.) Beispiele (gesammelt bei E. Borneman: Das Patriarchat. Ursprung und Zukunft unseres Gesellschaftssystems, Frankfurt am Main (S. Fischer) 1975, S. 409—410): Cicero heiratete eine andere Frau, weil er dringend ihre Mitgift brauchte. Cato entließ seine Frau Marcia aus der Ehe, damit sie den reichen und schwerkranken Hortensius heiratete; nach dessen Tod kehrte sie, nun mit einem reichen Erbe versehen, in die Ehe mit Cato zurück. Caesar und Antonius waren viermal, Sulla und Pompeius fünfmal verheiratet.
2. Ein Bereich der Ehe war aber doch rechtlich geregelt. Die Ehe an sich (*matrimonium*, eigtl. (Haus-)Mutterstellung) war nämlich von der eheherrlichen Gewalt des Mannes, die er über die Frau bekam, getrennt. Die Gewalt eines Familienchefs ist die sogenannte *patria potestas* und äußert sich als *manus*, beherrschende und beschützende Gewalt (der Hand). Es gab Ehen, ohne daß die Gewalt über die Frau von ihrem paterfamilias auf den Ehemann überging, und Ehen mit Gewaltübertragung, die häufigere Form. Nur wenige Ehen wurden nach einem sakralen Ritus, der die Ehe unter den Schutz Jupiters stellte, geschlossen.

STILISTIK

Nicht nur, was man mitteilt, sondern auch, wie man es mitteilt, kann den Hörer oder den Leser bewegen. Die Ausdrucksweise macht den Stil aus und hat vielerlei Einzeltechniken. Im folgenden werden solche Techniken vorgeführt, nur manchmal aber auch ihre Wirkungen. Denn die Wirkung ein und desselben stilistischen Mittels kann je nach Inhalt und Adressatenkreis verschieden sein. Die Wirkung muß immer eigens analysiert werden. Die Bezeichnungen für die einzelnen Techniken und die Kenntnis der Techniken sind dabei Hilfsmittel, einen Text überhaupt auf stilistische Eigenarten zu untersuchen und so seiner Wirkung auf die Spur zu kommen.

Grundsätzlich kann man zwei Gruppen stilistischer Mittel unterscheiden:
(1) **Tropen** (griechisch für ‚Wendungen'): ein Wort wird durch ein anderes ersetzt (das Gemeinte wird also nicht mit dem nächstliegenden Wort gesagt).
(2) **Figuren**: mehrere Wörter, also Wortgruppen oder Sätze, werden anders, als es einfachster Ausdrucksweise entspräche, formuliert. Dabei gibt es
(a) **Stellungsfiguren**: sie werden durch eine kunstvolle Wortstellung erreicht;
(b) **Sinnfiguren**: sie werden durch eine kunstvolle Wortwahl und Satzgestaltung erreicht.

Oft gehen Tropen und Figuren Hand in Hand, eine Unterscheidung ist nicht immer leicht, sie soll nur einer ersten Orientierung dienen.

Das Lateinische hat mehr Möglichkeiten, Figuren zu bilden, weil sich die einzelnen Satzglieder hier mehr verschieben lassen als im Deutschen. Das Deutsche ordnet Attribute mit Hilfe des Artikels einem substantivischen Satzglied zu (‚der gestrige Tag', ‚am (an dem) gestrigen Tag'), kennzeichnet die Kasus durch Artikel und z. T. durch die Stellung im Satz und zerlegt die Prädikate in mehrere Teile mit festen Satzpositionen (‚am gestrigen Tag *haben* wir viel *gespielt*', ‚wir haben am gestrigen Tag viel gespielt'). Das Lateinische ordnet Attribute substantivischen Satzgliedern durch kongruente Endungen zu (*hesterno die*, beides Ablativ Sg. m.), so daß die Beziehung auch bei einer Verschiebung bestehen bleibt (*hesterno, Licini, die ...* c. 50,1). Es kennt keinen Artikel, so daß die Verschiebung eines Nomens nicht auch die Verschiebung eines zweiten Wortes verlangt. Es bezeichnet die Kasus durch Endungen, so daß der Kasus und die Satzgliedfunktion eines Nomens auch dann deutlich bleiben, wenn das Wort verschoben wird. Und Prädikate bestehen außer im Perfekt Passiv aus einer Form, die Person, Tempus, Modus und Diathese (*Genus Verbi*) deutlich macht und als ganzes verschoben werden kann (*lusimus*).

Beispiel: Catull c. 50,1–2: Hesterno[1], Licini[2], die[3] otiosi[4] / multum[5] lusimus[6] in[7] meis[8] tabellis[9] – ‚Am gestrigen[1] Tag[3], Licinius[2], haben wir[6] viel[5] Scherz[6] in[7] meinen[8] Täfelchen[9] getrieben[6]'.

Liste der Tropen und Figuren
(■ = für die Catull-Lektüre wichtige)

I. Tropen

■ (1) **Metapher** (‚Übertragung'): Ein Wort wird durch ein anderes ersetzt, das mit diesem in einem Vergleichsverhältnis steht. Das neue Wort ist somit in einen uneigentlichen Bereich – d. h. in einen Bereich, in den es eigentlich gar nicht gehört – übertragen. „Ein Feuer ergriff ihn" statt „Eine Leidenschaft ergriff ihn (nämlich wie ein Feuer)". Catull 2,8 ardor (‚Glut' statt ‚Leidenschaft').

(2) **Metonymie** (‚Wortvertauschung'): Ein Wort wird durch ein anderes aus dem gleichen Sachbereich ersetzt. Ersetztes und ersetzendes Wort können in vielerlei Beziehungen stehen, unter anderem

(a) Person — Sache: ‚von Amor (statt: Liebe) ergriffen'; Catull 99,11 Amor (statt amor).
(b) Gefäß — Inhalt: ‚das Stadion tobte (statt: die Leute tobten)'. Catull 24,10 arca (‚Geldschrank' für ‚Geld').
(c) Material — Erzeugnis: ‚zum Eisen (statt: Schwert, Revolver) greifen'; Catull 1,1 libellus (‚Papyrusrolle' für ‚Gedichtband').
(d) Abstraktum — Konkretum: ‚die Jugend (statt: die jungen Leute) ist unbelehrbar'. Catull 45,1 amores (‚Liebe' statt ‚Geliebte').

(3) **Synekdoche** (‚mit einem Ausdruck zusätzlich etwas anderes meinen'): Ein Wort bedeutet mehr oder weniger als normal; es handelt sich also um eine mengenmäßige Metonymie. Hauptfälle:
(a) *Pars pro toto* (‚Teil für das Ganze'): ‚er griff zur Klinge (statt: Schwert)'; Catull 9,3 penates (‚Hausgötter' statt ‚Haus', ‚Heimat').
(b) *Totum pro parte*: ‚die ganze Straße ins Haus bringen' (statt: Dreck in die Wohnung); Catull 43,8 saeclum (‚Jahrhundert' statt ‚Menschen der Zeit').
(c) *Species pro genere* (‚Einzelerscheinung statt der Gruppe'): ‚Er war ein Herkules (statt: starker Mann)'.

(4) **Antonomasie** (‚Namensersetzung'): Ersetzung eines Eigennamens durch ein Wort, das eigentlich Attribut oder Apposition zu ihm sein könnte; insbesondere Umschreibung durch Abstammungsbezeichnung (‚Pelide' = Peleussohn, statt: Achill), Herkunftsbezeichnung (‚Der Deutsche ergreift das Wort' statt: der deutsche Vertreter), Berufsbezeichnung (‚der Dichter sagt' statt: Goethe). Catull 30,4 caelicolae (‚Himmelsbewohner' für ‚Götter'). Vgl. auch 5.

■ (5) **Periphrase**: (‚Umschreibung'): Ein Wort wird durch mehrere andere umschrieben: ‚der Schöpfer der Welt' (für: Gott). Catull 49,1 Romuli nepotes (‚Enkel des Romulus' für ‚Römer').

(6) **Litotes** (‚Schlichtheit'): abmildernde Periphrase mit Hilfe einer Verneinung: ‚nicht schlecht' (= ‚ziemlich gut' oder ‚sehr gut'). Catull 8,7 nec nolebat (‚und nicht nicht wollte' = ‚und sehr gern wollte').

(7) **Hypérbel** (‚Übertreibung'): ‚Straßenkreuzer' (für: ‚großes Auto'). Catull 86,6 Veneres (für ‚Attraktivität').

(8) **Empháse** (‚Nachdrücklichkeit'): Ein allgemeiner Ausdruck wird in verengtem Sinn verwendet (wozu Zusammenhang und Betonung beitragen): ‚Erweise Dich als Mensch' (d. h. als verständnisvoll, tolerant und hilfsbereit). Catull 8,16 adibit (für ‚liebenswert halten').

■ (9) **Ironie** (‚Verstellung'): Eine Sache wird mit einem Wort bezeichnet, das das Gegenteil meint: ‚Intelligent, wie er war (gemeint: naiv-dumm), hat er sich über's Ohr hauen lassen'. Catull 49,5—7.

II. Figuren der Wortstellung
A. Figuren der Wortverbindung

■ (10) **Asýndeton** (‚Unverbundenheit'): Mehrere gleichgeordnete Satzglieder oder Sätze werden unverbunden (d. h. ohne Konjunktion) nebeneinandergestellt: ‚Schaffe, schaffe, Häusle baue'. ‚Der König sprach's, der Page lief, der Knabe kam, der König rief: Laßt mir herein den Alten'. Catull 9,7 loca, facta, nationes.

■ (11) **Polysýndeton** (‚vielfache Verbindung'): Zwischen gleichgeordneten Satzgliedern oder Sätzen wird das Verbindungswort mehrfach wiederholt: ‚Meine Töchter führen den nächtlichen Reihn und wiegen und tanzen und singen dich ein.' Catull 8,10 nec sectare nec vive. 29,10.

(12) **Hendiadyoin** (‚Eins durch zwei'): Zwei Begriffe, von denen der eine dem anderen inhaltlich untergeordnet sein kann, werden formal gleichgeordnet; damit wird

darauf aufmerksam gemacht, daß ein Vorgang oder eine Sache zwei gleichberechtigte Aspekte hat: ‚bitten (Sachgehalt) und betteln (äußere Form) (= unablässig bitten)'. Catull 50,6 per iocum atque vinum.

- (13) **Enallagé** (‚Vertauschung'): Ein Wort (meist ein Adjektiv) wird einem anderen Satzglied, als man erwartet, zugeordnet, wodurch der im vertauschten Wort enthaltene Aspekt betont wird: ‚das braune Lachen ihrer Augen'. Catull 51,11 f. geminā teguntur lumina nocte.

B. Figuren der Worteinsparung

(14) **Ellipse** (‚Auslassung'): Ein Wort, das bei normalem Satzbau gesetzt wird, wird ausgelassen: ‚Wie der Herr (ergänze: ist), so's Gescherr', ‚Das (erg.: sagst du) mir!' Catull 92,3 quo signo? 76,16.

(15) **Zeugma** (‚Zusammenjochung', ‚Verbindung'): Ein Satzglied, meist eine Verbform, wird mit mehreren anderen verbunden, obwohl es von der Bedeutung her nur zu einem paßt oder zum einen Satzglied nur in wörtlicher, zum andern nur in übertragener Bedeutung: ‚Er setzte seinen Hut und eine finstere Miene auf'. ‚Als Viktor zu Joachime kam, hatte sie Kopfschmerzen und Putzjungfern bei sich.'

(16) **Apó koinoú** (ἀπὸ κοινοῦ ‚gemeinsamer Bezug'): Ein Satzglied hängt von zwei anderen Satzgliedern ab, konnte oder mußte in meist verschiedener Art zweimal gesetzt werden, steht aber nur einmal. Im Deutschen selten. Catull, 2,3—4 cui müßte in v. 4 als quem wiederholt werden.

C. Figuren der Worthäufung

(17) **Epítheton** (‚Zusatz'): Ein vom Inhalt her nicht erforderliches und den Inhalt auch nicht verdeutlichendes Attribut wird zu einem nominalen Satzglied hinzugesetzt; vor allem in der Poesie vorkommend, wodurch bestimmten Ausdrücken mehr Gewicht oder Anschaulichkeit beigelegt wird (sog. Epitheton ornans, ‚schmückendes Beiwort'): ‚der fromme Aneas', ‚die euleuäugige Athene'. Catull 11,5 Arabes molles ‚die weichen Araber'.

(18) **Synonymíe** (‚Bedeutungsähnlichkeit'): beiordnende Häufung bedeutungsähnlicher Wörter: Wie beim Hendiadyoin (vgl. 12) erhalten die einzelnen Wörter die Aufgabe, viele Aspekte einer Sache hervorzuheben und die Sache so deutlicher zu machen: ‚Leib und Leben riskieren'. Catull 8,18.

- (19) **Klimax** (‚Leiter'): Anordnung von Wörtern oder Sätzen mit beständiger Steigerung des Aussageinhalts: ‚ich kam, ich sah, ich siegte' (veni, vidi, vici). Catull 8,16 ff.

(20) **Antiklimax** (‚umgekehrte Leiter'): Anordnungen von Wörtern oder Sätzen in der Weise, daß von Stufe zu Stufe die Intensität der Aussage sinkt, oft mit witzigem Effekt: ‚Religion gut, Kopfrechnen schwach'. Catull 93.

- (21) **Dihaerése** (‚Zerlegung'): Ein Begriff wird durch eine Reihe von Teilbegriffen umschrieben, kann dabei selbst genannt oder unterdrückt werden: ‚Amsel, Drossel, Fink und Star und die ganze Vogelschar.' Catull 43,1—4.

D. Figuren der Wortwiederholung

- (22) **Anápher** (‚Wiederaufnahme'): nachdrückliche und gliedernde Wiederholung eines Wortes oder einer Wortgruppe am Anfang von Sätzen oder Satzabschnitten: ‚Hätte sie Gedanken, wie ich denke, hätte sie Gefühle, wie ich empfinde, würde sie den Morgen nicht erwarten, würde schon in dieser Stunde kommen.' ‚O sing uns ein Märchen, o sing es uns oft'. ‚Der Türmer erbleichet, der Türmer erbebt'. Catull 49,2—3; 51,1—2.

- (23) **Epipher** (‚Zugabe'): ausdrucksvolle Wiederholung eines Wortes oder einer Wortgruppe am Schluß mehrerer Sätze oder Satzabschnitte: ‚Laß mich weinen, an deinem Herzen heiße Tränen weinen'. Catull 49,5—6.

(24) **Symploké** (‚Verflechtung'): Verbindung von Anapher und Epipher: ‚Immer hofft' ich, deinen Schritt zu hören, immer glaubt' ich, deinen Tritt zu hören'. Catull 3,3—4.

(25) **Epanalépse** (‚Wiederholung'): pathetische Wiederholung eines Wortes oder einer Wortgruppe, meist am Satzanfang: ‚Gott, Gott erbarmt sich unser'. ‚Liebe, Liebe laß mich los'. Catull 64,195 huc huc adventate.

(26) **Anadiplóse** (‚Verdoppelung'): Wiederholung des letzten Wortes eines Satzes oder Satzabschnitts am Anfang des jeweils folgenden: Die Ehre ist verloren, verloren ist das Glück'. Catull 58,1—2.

(27) **Epiploké** (‚Anknüpfung'): Klimax mit Anadiplose freierer Art: Salomo war der Vater Rehabeams; Rehabeam der Vater Abias; Abia der Vater Asas; Asa der Vater Josaphats; Josapha der Vater Jorams; usw. Catull 107,2—3 und 4—5.

(28) **Kýklos**-(‚Kreis'): Wiederholung des Satzanfangs am Satzende: ‚Herein, o du Guter, du Alter herein'. Catull 8,11—19.

(29) **Polýptoton** (‚vielerlei Kasusendung'): Wiederholung eines Wortes innerhalb eines Satzes in verschiedenen Kasus (auch in Verbindung mit einer der Figuren 33—39): ‚Das Beste vom Besten'. ‚Vernunft sei überall zugegen, wo Leben sich des Lebens freut'. Catull 99,2 suaviolum dulci dulcius ambrosia ‚ein Küßchen, süßer als süße Ambrosia'.

(30) **Figúra etymológica** (svw. ‚Figur mit Wörtern gleichen Stamms'): Bei einer Wiederholungsfigur werden Wörter vom gleichen Stamm benutzt: ‚eine Grube graben', ‚das Leben leben'. Catull 3,11 qui nunc it per iter tenebricosum.

(31) **Paronomasie** (‚Wortumbildung'): Wortspiel mit Wörtern, die gleich oder ähnlich lauten, aber verschiedene Bedeutung haben: ‚Eile mit Weile'. Catull 107,1 optantique optigit.

(32) **Distinktion** (‚Unterscheidung'): Ein und dasselbe Wort wird in verschiedenen Bedeutungen verwendet: ‚Er (der König von Thule) sah ihn (den Becher, den er ins Meer geworfen hat) stürzen, trinken und sinken tief ins Meer, die Augen täten ihm sinken — trank nie einen Tropfen mehr.' Catull 72 (diligere), 86 (formosa).

E. Figuren der Wortstellung und des Satzbaus

(33) **Parallelismus** (‚übereinstimmende Anordnung'): Zwei (oder mehr) Satzabschnitte oder Sätze werden nach dem gleichen Schema (d. h. mit identischer Abfolge der Satzglieder) gebaut: ‚Reden ist Silber, Schweigen ist Gold'. Catull 5,8—9.

(34) **Chiásmus** (‚Kreuzstellung'): Zwei Satzabschnitte oder Sätze werden spiegelbildlich gebaut, d. h. der zweite Abschnitt hat die umgekehrte Abfolge der Satzglieder wie der erste: ‚Die Kunst ist lang, (und) kurz ist unser Leben'. Satis eloquentiae, sapientiae parum ‚genügend Redefähigkeit, (aber) Weisheit zu wenig' (Sallust über den Putschisten Catilina). Catull 6,3 (mit Konjunktion).

(35) **Isókolon** (‚Gleichgliedrigkeit'): gleichgeordnete Satzabschnitte oder Sätze haben etwa gleiche Silbenzahl (es ergibt sich also ein besonders starker Parallelismus) und werden so stark aufeinander bezogen: ‚Der Herr hat's gegeben, der Herr hat's genommen'.

(36) **Antimetabolé** (‚wechselseitige Vertauschung'): Zwei Satzabschnitte werden so gebaut, daß sie im Satzbau übereinstimmen, von den verwendeten Begriffen her aber ein Chiasmus (vgl. 34) entsteht. Ziel ist eine geistreiche, oft witzige Darstellung: ‚Nicht um zu essen, leben wir, sondern um zu leben, essen wir.'

■ (37) **Hypérbaton** (‚Überspringen'): Trennung zweier syntaktisch zusammengehöriger Wörter, vor allem des Attributs von seinem Beziehungswort; dadurch wird eine Betonung des im Satz nach vorn gerückten Wortes oder eine Spannung auf das noch zu erwartende zweite Wort erreicht. ‚Der Worte sind genug gewechselt'. Catull 51,5—6.

(38) **Abbildende Wortstellung:** Im Lateinischen mögliche ungefähre Nachbildung des Inhalts durch die Wortstellung: Quis multa gracilis te puer in rosa perfusus liquidis urget odoribus? Welcher schlanke Knabe bedrängt dich auf vielen Rosen mit flüssigen Düften gesalbt (Horaz). Catull 51,1 (Lesbia im Mittelpunkt).

■ (39) **Gleichklänge** in Form des **Homoioteleutons** (mehrere Wörter hintereinander haben die gleiche Endung), des **Homoióptotons** (mehrere Wörter hintereinander haben gleiche Endung und gleichen Kasus) und der **Alliteratión** (mehrere Wörter hintereinander beginnen mit dem gleichen Buchstaben). Catull 5,2 Homoióptoton.

III. Sinnfiguren

■ (40) **Epimoné** (‚Verweilen'): Wiederholung eines Gedankens in anderer Formulierung. ‚Es regnet, die Erde wird naß'. Das Schuljahr ist zuende, die Ferien sind da'. Catull 11,19 f.; 87.

■ (41) **Antithése** (‚Gegensatz'): Ein Gedanke wird durch Gegensätze (Gegensatzpaare) deutlich gemacht. ‚Das ist nicht Mut, sondern Feigheit'. ‚Alle reden vom Wetter. Wir nicht.' Antithesen werden oft in bestimmten Stellungsfiguren formuliert, z. B. Antimetabole (36), Alliteration (39), Isokolon (35), Chiasmus (34). Catull 72,3—4.

(42) **Oxýmoron** (grch. svw. 'Scharf-Stumpfes', d.i. ‚witzige Pointe'): Zusammenstellung einander widersprechender Begriffe: ‚beredtes Schweigen' (d. i. ein Schweigen, dem man viel entnehmen kann), ‚der weise Narr' (dessen Verhalten eine wohlüberlegte Antwort auf äußere Umstände ist). Catull 6,7 nequiquam tacitum cubile clamat ‚schreit das vergeblich schweigsame Lager'.

■ (43) **Rhetorische Frage** (svw. ‚nur formale Frage'): Eine Aussage wird als Frage formuliert, auf die keine Antwort erwartet wird, weil sie jedem klar ist: ‚Wer wüßte nicht ...?' (= jeder weiß). ‚Verlorne Liebe — wo ist da Ersatz?' (= ‚Verlorne Liebe läßt sich nicht ersetzen'). Catull 29,1; 52,1.

(44) **Sentenz** (‚Sprichwort'): Eine handlich formulierte allgemeine Lebenserfahrung wird im Zusammenhang eines konkreten Falles zitiert: ‚(Bald erkennt jeder, daß Herr X allen nur etwas vorgespielt hat ...) Lügen haben kurze Beine'. Catull 70,3—4.

■ (45) ‚**Ausruf**': Innerhalb einer Äußerung wird ein wirkungsvoll — gern als Sentenz formulierter — Ausruf eingefügt: ‚Welch eine Frau!'. Catull 9,5 o mihi nuntii beati! ‚Welch glückbringende Nachricht für mich!'

(46) **Epiphoném** (‚Ausruf'): Wirkungsvoller Abschluß eines Gedankengangs, insbesondere einer Beispielreihung, durch einen Ausruf oder eine Sentenz: (‚Früher war es so und so ..., heute ist es so und so ...: O tempora, o mores (= Wie ändern sich mit den Zeiten die Sitten)!' Catull 9,10 f., 70,3—4.

(47) **Hýsteron próteron** (‚das Spätere früher'): Etwas zeitlich Späteres wird vor dem zeitlich Früheren genannt; weil es als wichtiger im Vordergrund steht: ‚Hilf mir und komme!'

■ (48) **Vergleich, Gleichnis:** Ein Sachverhalt wird durch Vergleich mit einem Sachverhalt aus einem anderen Bereich verdeutlicht. (a) Kurzer Vergleich: ‚die Leidenschaft ergriff ihn wie ein Feuer'. (b) Langer Vergleich: ‚die Leidenschaft erfaßte ihn, wie ein Feuer jäh entsteht, hoch auflodert, alles ergreift und zerstört'. Vgl. (1) und (49). Catull 7,3 ff.

(49) **Allegorie** (‚Anders reden'): Bildliche Ausdrucksweise, die übertragen zu verstehen ist; man kann sie als langen Vergleich auffassen, bei dem der erste Ver-